D1928525

hänssler

Else Diehl

Worte, die beweg(t)en

Worte, die beweg(t)en

Else Diehl (Jg. 1931), Religionslehrerin, langjährige Mitarbeiterin im Bibellesebund: zunächst in der Kinder- und Jugendarbeit, bei Freizeiten und der Strandmission; heute überwiegend Schulungsaufgaben in der Familien- und Frauenarbeit. Mitarbeit und Herausgabe von Werkbüchern für Frauenarbeit und Mitarbeit in Andachtsbüchern und Zeitschriften.
Seit 1992 ehrenamtlich tätig, vorwiegend in den neuen Bundesländern.
Mehrere Jahre teilzeitlich leitend in der Frauenarbeit der Freien evangelischen Gemeinde (FeG).
In der Leitung des Bundes (FeG) und des Bibellesebundes tätig.

Hänssler-Taschenbuch
Bestell-Nr. 393.363
ISBN 3-7751-3363-1

Umschlaggestaltung: Daniel Kocherscheidt
Titelfoto: privat
Satz: Vaihinger Satz & Druck
Druck und Verarbeitung: Ebner ULM
Printed in Germany

Inhalt

Vor Ihnen liegt eine bunte Sammlung von Zitaten, Aussprüchen und Bibelworten. Sie sind mir irgendwie begegnet, meistens 'zufällig'. Aber sie haben mich oder etwas in mir bewegt.
Indem ich die kleinen Erlebnisse niederschrieb, lasse ich Sie ein wenig an meinem Leben Anteil nehmen.
Vielleicht bewegen die Worte auch etwas bei Ihnen, den Leserinnen und Lesern dieses Büchleins.

Da gab es Worte, die in gewissen Situationen eine starke Wirkung hatten, mal aufrüttelnd, mal tröstend. Andere Aussagen haben mich schmunzeln lassen. Vielleicht geht es Ihnen ähnlich, es würde mich auf jeden Fall freuen.

Else Diehl

Das Büchlein ist den Menschen gewidmet, die mich ermutigt haben und mit denen ich ein Stück Weg gemeinsam gegangen bin.

»Habe dein Schicksal lieb, es ist der Gang Gottes mit deiner Seele.«

Ich staunte, als ich dieses Wort zum ersten Mal hörte. Das Wort »Schicksal« war für mich irgendwie vorbelastet. Ich meinte dabei das Wort von der Vorsehung zu hören, das ich von den Reden Hitlers noch in den Ohren hatte, der solche Worte häufig in den Mund nahm. Aber dann konnte ich das Wort mit Gottes Führung in Verbindung bringen und es ließ mich nachdenken. Was hatte ich rückblickend erlebt? Nun, durch den Krieg und die Jahre danach war einiges anders gelaufen, als ich es gedacht hatte; meinen Berufswunsch konnte ich nicht erfüllen. Krankheit in der Familie hatte Wege verbaut. Doch ich hatte Gelegenheiten, berufliche Erfahrungen zu machen, konnte dabei öfter reisen und vieles kennen lernen. Und bei allem war noch Zeit geblieben, mich in der Gemeinde und darüber hinaus bei Kindern und Jugendlichen zu engagieren. War das alles Gang Gottes mit meiner Seele? Der Gedanke war entspannend und weckte in mir so etwas wie Neugierde, wie es wohl noch weitergehen könnte. Was noch schöner war, ich empfand neues Vertrauen und konnte Gott meine Fragen und Pläne überlassen. Heute, nach vielen Jahren, kann ich nur dankbar bestätigen, dass Gott mein Vertrauen nicht enttäuscht hat. Und ich staune, wie Gott bei seinem Gang mit meiner Seele alles gebrauchen konnte, was ich im Laufe der Jahre auf meinem Schicksalsweg erlebte und lernte. Da war aber auch nichts, gar nichts umsonst. Vieles fügte sich wie bei einem Puzzle zusammen. Die bisherigen Tätigkeiten und Erfahrungen bereiteten mich auf das vor, was ich in meinem Reisedienst brauchte. Römer 8, 28a ist in meinem Leben wahr geworden: *»Wir wissen aber, dass denen, die Gott lieben, alle Dinge zum Besten dienen.«* Man sieht es selten sofort, aber im Nachhinein darf man diese Wahrheit dankbar anerkennen.

»Niemals empfindet man die Hand Gottes kräftiger über sich, als wenn man die Jahre seines vergangenen Lebens betrachtet.«

Martin Luther

»Sei was du willst,
aber was du bist,
habe den Mut es ganz zu sein.«

Albert Leo Schlageter

Als 13-Jährige sah ich diesen Spruch eingerahmt. Er wurde damals – während des Dritten Reiches – oft zitiert und verbreitet. Gedacht war wohl daran, junge Menschen auf die Idee des Systems festzulegen und darin zu bestärken. Denn Schlageter war damals ein gefeierter Held, der stark für seine Überzeugung eingetreten war. Ich habe dieses Wort in meine Situation hineingenommen und oft bedacht, was es für mich bedeuten könnte.

In einem christlichen Elternhaus aufgewachsen, also mit biblischen Wahrheiten vertraut, war mir klar, dass sich Glaube nicht vererben lässt, sondern herausfordert, sich persönlich damit auseinander zu setzen. Und ich steckte mitten in dieser Auseinandersetzung. Eine Hilfe war mir der Jugendkreis, den ich schon besuchte, denn in meiner Klasse fand ich nur wenige Gleichgesinnte. Religiöse Themen waren selten Gesprächsthema und die Haltung meiner Schulkameraden war von wohlwollend bis gleichgültig zu beschreiben. Ein Schüler bezeichnete sich mutig als gottgläubig – was immer es auch bedeutete. Die anderen waren als evangelisch oder katholisch eingetragen, einige wenige gehörten einer Freikirche an. Gesprächen über die Bibel zwischen einem politisch sehr engagierten Lehrer und mir hörten sie halb belustigt zu, ohne sich zu engagieren. Und genau in dieser Zeit beschäftigte mich das Zitat Schlageters sehr. »Wenn ich als Christ lebe, will ich es auch echt und überzeugend tun«, war mein Entschluss, den ich fasste, ohne darüber zu reden. An spätere Konsequenzen konnte ich damals noch nicht denken. Erst nach dem Zusammenbruch des Dritten Reiches wurde mir bewusst, was es in dem atheistischen System hätte bedeuten können. Aber das war damals für Jugendliche noch nicht zu erkennen. Angeblich wurden klare Überzeugungen geachtet.

Auch später kam mir das Wort immer wieder einmal in den Sinn und motivierte mich. Zu ähnlichen Gedanken soll wohl das Wort führen: »Sei ganz sein oder lass es ganz sein.«

Ich gestehe, dass ich diesem Aufruf innerlich nicht voll zustimmen kann. Ich bejahe den ersten Teil ganz und gar, der zu ungeteilter Nachfolge aufruft. Zum zweiten Teil jedoch »oder lass es ganz sein« könnte ich niemand ermutigen. Dann würde ich einen Menschen aufgeben. Ich habe bei mir und anderen festgestellt, dass es im Glauben viele Stadien gibt, wo neue Entscheidungen getroffen werden und Neuanfänge beginnen. Wie schnell schleicht sich auch nach einem klaren Glaubensanfang Lauheit und Halbherzigkeit ein. Zudem erkennt man in jungen Jahren kaum, welche weit reichende Entscheidung man trifft, wenn man sich Gott anvertraut. Das wird später konkret, wenn es um Freundschaft, Partnerschaft, Beruf, Karriere und Geld geht.

Es ist für mich sehr tröstlich, dass Gott unendlich viel Geduld hat, uns auch nicht überfordert. Im Verlauf des Lebens mit ihm macht er uns aufmerksam, wo wir Halbheiten gelebt haben, wir Dinge loslassen mussten, um ungeteilten Herzens zu sein.

Nach Jahren der Nachfolge ist mir eines Tages klar geworden, dass ein Hobby mich zu sehr ausfüllte und ich gab es auf, weil meine Mitarbeit in der Jugendarbeit behindert wurde. Wenn man als Christ mehr und mehr erkennt, was Jesus Christus mit seiner ganzen Hingabe für uns getan hat, wächst – aus Dankbarkeit dafür – der starke Wunsch, ihm ganz zur Verfügung zu stehen. Noch einmal zurück zu dem Ausspruch am Anfang.

Leben als Christ hat vor allem mit einer Entscheidung des Willens zu tun, auf Gottes großartiges Geschenk der Erlösung einzugehen. Aus eigenem Willen, Erlösung erwirken zu wollen, wie es uns heute oft angeboten wird, ist ein Irrweg, weil er an Jesus Christus vorbeiführt.

Dieser Entschluss, mit Jesus Christus als Herrn zu leben, erfordert Mut inmitten einer Gesellschaft, die Entschiedenheit als konservativ oder fundamentalistisch abtut. Wer aber dem Willen seines Herrn gemäß leben will, darf damit rechnen, dass er ihm Mut schenkt. Ich habe es oft so erlebt.

»Vor Menschen ein Adler,
vor Gott ein Wurm,
so stehst du frei im Lebenssturm.«

Fried. Rücker

Ich stutzte, als ich dieses Wort als Teenager las. In jenen Jahren hatte ich so meine Beobachtungen und Gedanken über das Christsein gemacht und dabei festgestellt, dass es unter den Christen solche gab, die sehr angepasst und brav in dem Sinne waren, dass sie kaum eine eigene Meinung wiedergaben, aber auf mich seltsam wirkten, weil sie zu allem Ja sagten und schon gar keinen Widerspruch wagten. War das Typsache oder gar eine christliche Haltung, sich selbst klein zu machen und nichts von sich zu halten? Anziehend wirkte diese Lebensart auf mich nicht. Ebenso abstoßend fand ich aber auch die anderen, die sich – wie es jedenfalls schien – über alle Meinungen hinwegsetzten und selbst Gott gegenüber den Mund sehr voll nahmen und sich selbst zum Maßstab machten.

Diese Aussage half mir zu einer neuen Sicht. Christ sein heißt, sich selbst richtig einzuschätzen: Gemessen am Schöpfer ein hilfloses Geschöpf, das auf ihn angewiesen ist und doch einen Platz in seiner Schöpfung hat. Ein Wurm vor Gott sein heißt allerdings nicht, dass er uns klein machen will oder gar zertritt, wie es mit Gewürm vielleicht passieren kann.

Es bedeutet aber auch nicht, sich Menschen gegenüber unterwürfig zu zeigen und sich in jedem Fall anzupassen. Der Adler – ein Bild von Freiheit und Kraft – scheint mir für unser Leben miteinander angemessen.

Dieser Ausspruch stand mir noch oft vor Augen, wenn ich Menschen begegnete, die aufgrund falscher Erziehung und einseitiger Prägung ängstlich und lebensuntüchtig waren und keinen Ausweg sahen. Jedes Ausbrechen aus diesem Zustand war ihnen – oft mit christlichen Ratschlägen – verwehrt worden. Und es war andererseits ein besonderes Erlebnis, wenn Menschen es wagten, eine eigene Meinung zu äußern und zu vertreten. Nicht, weil sie von Parolen aufgehetzt waren, sondern weil sie ihren Wert in Gott erkannten und begriffen, dass sich in der festen Bindung an ihren Schöpfer Freiheit gegenüber den Menschen entwickelt. Psalm 8 drückt es in wenigen Worten großartig aus (V. 4-6). Wer in dieser festen Beziehung zu seinem Herrn lebt, wird das rechte Maß für seine Freiheit bekommen und nicht einfach »abheben« und über den anderen schweben.

In den Jahren meines Glaubenslebens habe ich entdeckt, dass das Leben in Freiheit ein Prozess ist, bei dem unser Herr uns zur Seite steht. Und ich habe die Wahrheit der Worte bestätigt gefunden, die Peter Hahne anlässlich eines Jubiläums so formulierte:

»Die Bibel macht Gott groß,
ohne den Menschen klein zu machen.«

Diese Tatsache gibt uns Würde und Freiheit zugleich.

»Selig, wer sich nicht an mir ärgert.«

Es war in der Zeit des Dritten Reiches. Jedes Kind war ab dem 10. Lebensjahr in der Organisation der »Jungmädel« erfasst. Die wöchentlichen Gruppenstunden waren mit Spiel, Sport und Singen gefüllt. Mit Eifer wurden Weihnachtsgeschenke für Kinder gebastelt, deren Väter im Krieg waren. Freilich nahmen wir auch Anteil an den Meldungen vom Geschehen an den Fronten. Die stärker werdenden Luftangriffe und Tieffliegerbeschüsse beschwerten uns sehr und lösten Ängste und Fragen aus: »Wie wird es weitergehen?«

Die Jugendstunden in der Gemeinde gaben mir Halt, vor allem auch in der Zeit, als politisch engagierte Lehrer Zweifel an biblischen Wahrheiten weckten. Es wurde erkennbar, dass die Bibel »ein Buch der Juden« – wie es hieß – kritisch gesehen wurde. Ein Lehrer, der Spaß daran hatte, mich mit Fragen zur Bibel zu provozieren, konnte nicht ahnen, dass er gerade damit bewirkte, dass ich früher als üblich zum Jugendkreis ging und meine Bibel sorgfältiger als je zuvor las. In diesen kritischen Jahren las ich erstmals beim abendlichen Bibellesen die Stelle, in der Jesus dem fragenden Johannes im Gefängnis die Antwort gab »Selig ist, der nicht Ärgernis nimmt an mir« (Matthäus 11, 6).

So viel hatte ich damals verstanden: Es gibt Fragen, die uns nicht beantwortet werden, und Jesus kann in unserem Leben etwas geschehen lassen, was wir nicht verstehen. Dann sind wir in Gefahr, misstrauisch zu werden und uns zu ärgern.

Ich schrieb mir den Satz mit Tusche auf ein Holzbrett, lackierte es und hängte es in meinem Zimmer auf. Das Wort sollte mir helfen, Jesus zu vertrauen und an ihm festzuhalten. Und ich brauchte dieses Wort wirklich.

Die letzten Kriegsmonate waren schrecklich. Tieffliegerangriffe mehrten sich. Der Zug, mit dem wir täglich zur Schule in die Kreisstadt fuhren, war oft unter Beschuss. Von daher war ein regelmäßiger Schulbesuch nicht mehr möglich. Bei einem solchen Angriff wurde eine 14-jährige Freundin vom Geschoss einer Bordkanone getroffen und starb noch in der gleichen Nacht. Warum traf es gerade sie, als einzige Tochter, die vor den Bombenangriffen aus der Großstadt aufs Land gebracht worden war, wo man sicher zu sein schien? Fragen und viele Gedanken bewegten mich damals, und immer wieder fiel mein Blick auf meinen Spruch an der Wand.

Was heißt »selig sein«, wenn solche Fragen mich beschäftigen? Bedeutet es vielleicht, zur Ruhe zu kommen bei allem Traurigsein? Jesus vertrauen können, auch wenn ich viele Fragen habe? Ich redete mit ihm über alles, was mich traurig machte und was ich nicht verstand. Das machte mich ruhiger, auch wenn immer wieder Angst hochkam.

Und dann kam die erschreckende Nachricht von der Verwundung meines Bruders. Mit größter Mühe hatte er uns selbst aus dem Lazarett geschrieben. Er sollte nach seiner Operation des Hüftgelenks in die Nähe verlegt werden, er war schon auf deutschem Boden. So machte sich mein Vater gleich auf den Weg, um ihn zu besuchen. Und dann das Unfassbare: Er traf ihn nicht mehr lebend an. Zu groß war die Schwäche durch alle erlebten Strapazen an der Front, er überstand die Operation nicht. Er war erst 19 Jahre alt und starb drei Tage vor meiner Konfirmation. Das prägte natürlich den Tag und ließ wieder viele Fragen aufkommen. Was soll dieser ausweglose Kampf? Warum muss das noch sein? Mein Bruder war der letzte Soldat unseres Dorfes, der Opfer des Krieges war. Infolge der Bombardierungen konnte auch niemand von uns an der Beerdigung teilnehmen. Danach erhielten wir noch einen Brief von ihm, den er uns vor der Operation geschrieben hatte, der aber wegen aller Turbulenzen in jenen Tagen uns erst später erreichte. Der Brief ist mir bis heute ein kostbares Vermächtnis, denn er zeigt, wie trotz aller Angst und Ungewissheit sich Vertrauen durchsetzt. Mein Bruder erinnerte uns an eine Aussage, die er im letzten Urlaub bei uns gelesen hatte. Er schrieb:

»Denkt an das Wort. Alles, was auf uns zukommt, muss erst an Gott vorbei (Dr. H. v. Bezzel).«

Dieses Wort hat uns alle getröstet. Für mich wurde dieser Satz in aller Traurigkeit über den Verlust meines Bruders eine große Hilfe. Und wieder erlebte ich, dass ich trotz des Schmerzes innerlich ruhiger wurde und dankbar war, dass mein Bruder bei seinem Herrn war. Dass er sein Leben Jesus Christus bewusst anvertraut hatte, schrieb er mir wenige Monate vor seiner Verwundung. Dieses Wissen milderte den großen Schmerz und war für mich eine Herausforderung, mich auch mit der Frage der persönlichen Beziehung zu Jesus Christus zu beschäftigen. In diesen Fragen erlebte ich, wie von der Einstellung »sich nicht an Jesus zu ärgern« eine Hinwendung zum Vertrauen wurde.

Ich erinnere mich an große Ängste vor dem Kriegsende, an die Kämpfe, die angesagte Besatzung usw. Aber das Festhalten daran, dass Gott nichts entgleitet und er das Geschehen überwacht, ließ mich dann im Blick auf die Zukunft gelassener sein.

Ein Gebet aus Kindertagen, das durchgetragen hat:

Führe mich, o Herr und leite meinen Gang
nach deinem Wort:
sei und bleibe du auch heute mein Beschützer
und mein Hort.
Nirgends als von dir allein kann ich recht bewähret sein.

Evang. Gesangbuch Nr. 445,5

»Und auch ihr baut euch als lebendige Steine zum geistlichen Hause und zur heiligen Priesterschaft, zu opfern geistliche Opfer, die Gott angenehm sind durch Jesus Christus.«

1. Petrus 2, 5

Dies war ein Monatsspruch auf dem Kalender, der in meinem Zimmer hing. Da es ein kleines Zimmer war, hatte ich den Spruch immer ganz nahe vor Augen, wenn ich im Bett lag. Das »auch ihr« sprach mich darum fast täglich an und ließ mich nachdenken und weiterlesen. Die bildhafte Sprache mit dem Bau des Reiches Gottes durch lebendige Steine leuchtete mir schon bald ein.

Ich war einige Jahre Christ, und es war mir schon klar, dass andere durch mich etwas davon hören und merken sollten. Aber wie konnte das in der Gemeinde und am Ort konkret werden? Darüber hatte ich zwar schon mal nachgedacht, aber jetzt stand es mir mit diesem »auch ihr« 30 Tage lang vor Augen, dass ich davon nicht mehr los kam.

Zugegeben, ich bezog dabei den ersten Teil des Spruches auf mich. Ich weiß nicht einmal mehr, ob der ganze Vers überhaupt abgedruckt war. Aber die Aufforderung des Petrus mit diesen ersten Worten hatten mich beunruhigt und herausgefordert. Erst viel später las ich den ganzen Vers sorgfältiger. Ich hatte begriffen, dass Gott mich gebrauchen wollte. Wie und wo das sein könnte, war meine Überlegung und auch mein Gebet an vielen Tagen. Mehr und mehr rückte dabei ein Gedanke näher. Du könntest vielleicht mit einer Jungschar beginnen. So etwas gab es in unserem Dorf noch nicht, aber ich hatte schon über solche Gruppen für Jungen und Mädchen gehört und gelesen. Mir war zwar noch nicht klar, wie ich das gestalten könnte. Doch je mehr ich überlegte, je mehr Ideen kamen mir in den Sinn. »Auch ihr«, das hieß für mich: Ich darf mich mit dem, was ich kann und habe, einbringen und ich könnte ja testen, was sich bewährt. Jetzt war es klar, ich musste konkret anfangen.

Also suchte ich das Gespräch mit einem Verantwortlichen der Gemeinde und berichtete ihm von meinen Gedanken und der Absicht, eine Jungschar für Mädchen zu beginnen. Als für ihn im Gespräch klar war, welche Ziele ich dabei hatte, ermutigte er mich: »Fang so bald wie möglich an.« Kurz darauf begann ich mit etwa einem Dutzend junger Mädchen unser erstes Treffen. Spiele, Lieder, Gottes Wort in Andacht oder Gespräch waren der Dreiklang, der über Jahre unsere Jungschar prägte. Ausflüge, Feste und Freizeiten ergänzten in den folgenden Jahren unser Programm und lockten viele an, auch weitere Mitarbeiter, so dass wir uns in zwei Gruppen aufteilten und noch in einem Nachbarort anfingen.

Für mich waren es schöne Jahre, die für meine spätere vollzeitliche Arbeit unter Kindern und Jugendlichen sehr wertvoll waren. Und ich selbst erlebte, dass durch die Beschäftigung mit Gottes Wort der Glaube immer neu belebt und lebendig erhalten wurde. Auch später stand mir das Wort noch oft vor Augen. Es war weniger das »auch ihr«, vielmehr war es das Wort »lebendig«, das mich nachdenklich werden ließ. Ich spürte, dass Gewohnheit und Routine ihre Gefahren haben. Das pulsierende Leben kann in gleichförmiges Tun umschlagen. Dienst kann zur Pflichtübung werden. Unmerklich schwindet das Lebendige, obwohl äußerlich alles noch läuft. Darum brauchen Christen immer wieder die persönliche Beziehung zu ihrem Herrn, die immer wieder neu lebendig werden lässt.

Viele Jahre später malte ein behinderter Künstler ein sehr anschauliches Bild zu diesem Wort des Petrus. Die Steine seines Bildes trugen Gesichter und bewegten sich auf eine Mauer zu, die aus vielen überwiegend »fröhlichen« Steinen bestand.

Und dazu hieß es:
»Ich fühle mich bedrückt und bedrücke andere.«
oder
»Ich kann tragen, weil ich getragen werde.«

Es darf unser Gebet sein, dass wir tragfähige und lebendige Steine in Gottes Reich sind.

»Dienst, der mit Freuden geschieht, wird zur höchsten Freiheit.«

Bodelschwingh

Ein Blanko-Abkommen: »Setze deinen Namen darunter und lass Gott Zeiten und Bedingungen nachher einsetzen.«

Blanko-Abkommen! Gibt es so etwas und wen betrifft es? So hätte ich gefragt, wenn ich das gelesen hätte. »Das kann man doch von keinem verlangen«, wäre auch meine Meinung gewesen, und ich stände damit sicher nicht allein.

Aber ich hatte meine Geschichte mit dieser Aufforderung.

Ich war Mitte Zwanzig und stand fest in Familien- und Berufsverpflichtungen (halbtags). Die verbleibende Zeit war mit Kinder- und Jugendarbeit ausgefüllt. Ich war zufrieden damit. Höhepunkt im Jahr war eine Freizeit mit unserem Jugendkreis. Und genau da traf mich bei den Bibelarbeiten, eigentlich bei allem, was an geistlichen Impulsen kam, die Gewissheit, dass ich hauptberuflich in die Verkündigung gehen sollte. Wie das geschehen sollte, war mir rätselhaft, denn ich hatte wegen der Krankheit meiner Eltern die Berufsausbildung abgebrochen. In den nächsten Wochen und Monaten beschäftigten mich diese Fragen und versetzten mich in eine große Spannung. Ich hatte größte Mühe, mich bei der Arbeit zu konzentrieren.

Und gerade in diesen Tagen bekam ich das Buch von Oswald Smith, einem kanadischen Erweckungsprediger, in die Hand. Auf der Umschlagsseite stand: »Man kann das Buch nicht aus der Hand legen, ohne persönlich ergriffen zu sein. Jungen Menschen ist es ein wertvoller Leitfaden für ihr geistliches Wachstum, es gibt Antwort auf die Frage: Wie muss mein Leben aussehen, wenn es für andere Menschen etwas bedeuten soll?«

So war es in der Tat auch bei mir.

Es war das Buch, das mich bisher am meisten beeindruckt hat. Mag sein, dass es an meiner besonderen Situation lag: Dringende Pflichten zu Hause, Aufgaben, die ausfüllten, und die innere Gewissheit, dass ein neuer Lebensabschnitt bevorstand. Menschen konnten mir wenig raten. Es hieß betend abwarten. Mit großer innerer Offenheit las ich dann dieses Buch und fand zwei Vergleiche, die mir halfen, Gott mein Vertrauen ganz neu zu schenken. Der genannte Text zum Blanko-Abkommen hieß: »Es geht darum, einen Blankovertrag zu unterschreiben. Setze deinen Namen darunter und lass Gott Zeiten und Bedingungen nachher ausfüllen. Er wird immer nur einen Schritt einsetzen, und erst, wenn du ihn getan hast, wird er dir den nächsten klarmachen. Vertraue ihm die Führung deines Lebens an, lass ihn den Vertrag ausfüllen, nachdem du unterschrieben hast.«

So gab ich Gott mein Ja und war dann auch durch den zweiten Vergleich von den »versiegelten Befehlen« getröstet: »Das bedeutet, dass wir unter *versiegelten Befehlen* segeln. Wohin, weißt du nicht, wann, kannst du nicht sagen. Warum, ist nicht deine Sache. Wie, muss dich nicht bekümmern. Du hast nur die versiegelten Befehle entgegenzunehmen, die seine Führung für dein

Leben enthalten, hast sie zu öffnen zu seiner Zeit und sie zu lesen, wann er will.«

Das ließ mich dann ruhiger werden und gelassener abwarten. Also ging es schrittweise wie bisher in meinem Lebensalltag weiter. Eigenartig war, dass meine Mutter in der gleichen Zeit das Buch »Glühende Retterliebe« vom gleichen Verfasser las. Es half ihr, mich innerlich für einen vollzeitlichen Dienst freizugeben. Und sie war darauf vorbereitet, als nach einigen Monaten die Anfrage zur Mitarbeit in einem Missionswerk (Bibellesebund) an mich herangetragen wurde.

Das war der Augenblick, an dem die weiteren Schritte klar wurden. Gott hatte alles wunderbar vorbereitet, er kannte ja meine Lage haargenau. In dem Berufungsschreiben war das Angebot, an meinem Wohnort bleiben zu können, was *die* Lösung für unsere familiäre Situation bedeutete.

Dieses Erleben ist mir auch in späteren Entscheidungen zur Stärkung geworden. Gott ist treu! Man kann sich auf ihn einlassen.

Es ist ein verborgenes Lebensgesetz, dass uns zu rechter Stunde der rechte Mensch, das notwendige Erlebnis, das rechte Wort in den Weg geführt wird.

L. v. Strauß u. Tornay

»Du bist ja noch die Beste von den Schlechten.«

Dieser Satz stammt von einem meiner Lehrer, an den ich nicht gerne zurückdenke. Er besaß nicht die Fähigkeit, uns Schülern die Matheaufgaben zu erklären. Die Hälfte der nachfolgenden Stunde ging drauf, um alle nicht verstandenen Aufgaben einigermaßen einsichtig zu machen. Meistens stöhnten wir als Klasse über seinen Unterricht. Entsprechend mies waren dann auch die Resultate in den Klassenarbeiten. Als er wieder einmal die Hefte zurückgab und bei seiner Bewertung die erschrockenen Gesichter der Schüler sah, als sie die schlechten Noten sahen, tröstete er mit obigem Satz eine Mitschülerin. Und dabei hatte er ein lächelndes Augenzwinkern im Gesicht, dass ich lachen musste und ihn für einen Moment neckisch fand. Als ich zu meiner Mitschülerin hinschaute, hatte ich den Eindruck, dass sie ein wenig ermutigt war. Also ist doch noch was zu hoffen, mag sie gedacht haben.

Eigenartig, dass dieser Satz mir später oft eingefallen ist. Ein wenig Gefühl für Ermutigung hat dieser Lehrer trotz vieler Defizite doch gehabt. Ein gutes Wort kann so viel bewirken. Und ein niederschmetterndes Wort kann vieles zerstören. In einem tragischen Lebensschicksal war es der Satz eines geliebten Lehrers »aus dir wird nichts«, der einem Kind alle Hoffnung nahm und es in die Prostitution abgleiten ließ. Ja, Worte können aufbauen oder zugrunde richten.

Viele Hinweise geben uns die Sprüche, etwa:

> Die Worte mancher Leute sind wie Messerstiche; die Worte weiser Menschen bringen Heilung. (Sprüche 12, 18 – Gute Nachricht)

Manchmal genügt sogar ein ermutigender Blick, um einem Menschen Hoffnung und Mut zu geben. Ich sehe noch heute diesen ermutigenden Blick und das mutmachende Nicken meines älteren Bruders, als ich zögernd zum ersten Mal auf dem Drei-Meter-Brett im Schwimmbad stand. Es reichte, um mich den Sprung wagen zu lassen.

Schon oft habe ich weitererzählt, was ein Sonderschullehrer sagte, als er einem Schüler das Diktatheft zurückgab: »Du hast schon jedes zweite Wort richtig geschrieben.« Das lässt hoffen, dass sich einer noch verbessern kann. Wie ganz anders wäre es gewesen, wenn er kritisiert hätte: »Schon wieder jedes zweite Wort falsch.«

Dass Ermutigung motiviert und Erfolg bringt, ist unbestritten. Sonst würden Firmen nicht Ermutigungsprogramme entwickeln.

Sollte das nicht unter Christen eine gute Übung sein, um dem Anderen leben zu helfen? Ich meine nicht, dass wir Schönfärberei treiben oder gar unwahrhaftig sind, indem wir Komplimente machen, wo es keinen Anlass gibt.

Beim Bibellesen ist mir aufgefallen, dass sie uns eine hilfreiche Linie aufzeigt. Bevor mahnende Worte ausgesprochen werden – etwa in den Sendschreiben (Offenbarung 3) –, werden lobenswerte Tatsachen erwähnt. Auch bei Paulus ist das an vielen Stellen erkennbar.

Wer dazu neigt, eher die Schwachstellen zu sehen und am Negativen hängen zu bleiben, wird etwas mehr üben müssen. Aber es lohnt sich – besonders um des anderen willen, der ermutigt wird.

»Die hatten zu viel Traurigkeit in den Augen.«

Familiengottesdienst nach Ostern in einer Hamburger Gemeinde. Wie so üblich, sind die Kinder bei der biblischen Geschichte mit beteiligt. Gespannt lauschen sie der Erzählung, wie die Jünger auf dem Weg nach Emmaus gehen, ohne Jesus zu erkennen, bis zum Essen, als er ihnen nach dem Dankgebet das Brot gibt. »Warum haben sie ihren Herrn wohl nicht erkannt?«, steht einen Augenblick im Raum. Aber es ist wirklich nur ein Augenblick. Schon meldet sich ein Junge und erklärt ganz selbstverständlich: »Die hatten zu viel Traurigkeit in den Augen.« So muss es wohl gewesen sein. Denn es war den Jüngern nicht eher möglich, ihn zu erkennen. Die Bibel berichtet in Lukas 24, 31: »Da wurden ihre Augen geöffnet, und sie erkannten ihn.« Seitdem wurde ich oft an diese kindliche Antwort erinnert. Enthält sie nicht viel Wahrheit? Dass Ärger unser Sehen beeinträchtigt und das Sehfeld einschränkt, ist bekannt. Nicht umsonst sagt man: »Er ist blind vor Wut.«

Was mag wohl alles auf dieses Konto kommen!

Haben wir selbst etwas nicht richtig wahrgenommen, weil wir abgelenkt oder zu sehr mit uns beschäftigt waren? Ich kenne Tage, an denen ich Wesentliches nicht bemerkt habe, weil mich anderes, vielleicht viel Unwesentlicheres fesselte.

Es ist wahr: So wie wir die Dinge sehen, so sehen sie uns an. Dabei spielt auch körperliches Befinden eine Rolle, manchmal sogar das Wetter. An trüben Tagen sieht alles düsterer aus. Und ist nicht gerade auch Trauerzeit oft blockierend für gute Worte und wohl gemeinte Ratschläge?

In der netten Geschichte vom »kleinen Spatz«, der sich immer und überall Sorgen machte, fragte eines Tages die Taube, nachdem sie ihm zum wiederholten Male vom Vater im Himmel erzählt hatte: »Weißt du nicht mehr, was ich dir vom Vater im Himmel gesagt habe?« Und das Spätzchen antwortete: »Ich hatte zu viele Sorgen, um richtig zuhören zu können.«

Kommt uns das nicht bekannt vor? Mir jedenfalls. Und ich erkenne die Ähnlichkeit mit dem Denken des »kleinen Spatzen«.

Traurigkeit in den Augen und Sorgen im Herzen verhindern oft das rechte Sehen der Größe Gottes und das Hören auf seine Versprechen. Darum ist mir die Antwort auf die Traurigkeit oft in den Sinn gekommen und hat mich zu dem Gebet veranlasst: »Herr, öffne du mir die Augen, dass ich erkenne, wie du bist und was du tust.«

»Nicht so schlimm wie eine Sünde getan.«

Klirr machte es, und da lag es am Boden – ein gutes Stück aus Porzellan. Ich weiß heute nicht mehr, was es war. Aber unvergesslich ist der Satz, den meine Großmutter dazu sagte: »Nicht so schlimm wie eine Sünde getan.« Für mich hieß das, es gibt Schlimmeres als zerbrochene Gegenstände. Eine Sünde begehen muss schlimmer sein.

Ich fragte damals als Kind nicht, was damit gemeint war. Nur der Ausspruch blieb hängen. Und ich dachte oft darüber nach. Im Laufe der Zeit begriff ich dann auch, was Sündigen bedeutet: Alles, was uns von Gott trennt und die Beziehungen untereinander belastet und zerstört. Ich habe vor allem in der Bibel entdeckt, wie Gott das sieht. Und im Leben meiner Großmutter konnte ich sehen, wie sie als Christ darauf bedacht war, Gottes Willen zu tun und Sünde zu meiden. Das beeindruckte mich tief und veranschaulichte mir die Worte der Bibel.

Im Laufe der Jahre hörte ich viel dazu. Da kursieren Redensarten und Aussagen, die oft nur nachgeredet werden. »Ich sündige mal«, sagt der Diabetiker, der einem Stück Kuchen nicht widerstehen kann. »Kann denn Liebe Sünde sein?«, heißt es in einem Schlager. Und so machen sich Menschen eigene Begriffe über das, was Sünde sein soll. Je nach Meinung und Trend ergeben sich Maßstäbe, nach denen beurteilt und gehandelt wird. Freilich kann ein leichtsinniger Umgang mit der Gesundheit gegen den Schöpfer stehen. Und unter dem Begriff »Liebe« wird oft viel gesündigt. Aber Sünde ist nicht in erster Linie moralisches Fehlverhalten, sondern das Ergebnis unseres Getrenntseins von Gott. Letztlich kommt Sündigen aus diesem Zustand. Wer das begriffen hat, wird die Vergebung seiner Sünden durch Jesus Christus dankbar annehmen und ihn um Hilfe bitten, Sünde zu meiden. Er wird aufhören, sich krampfhaft zu bemühen, nicht zu sündigen, was ihm ohnehin nicht gelingt. Die Bibel sagt dazu: »Kein Mensch kann vor Gott bestehen, keiner ist verständig und fragt nach Gottes Willen. Alle sind vom rechten Weg abgekommen, allesamt sind sie zu nichts zu gebrauchen. Keiner von ihnen tut das Rechte, nicht einmal einer.« Römer 3, 11+12 (Gute Nachricht)

Ein Christ lässt sich nicht einfach von der Sünde leiten. Er *will* nicht sündigen und sich damit von Gott trennen. Das folgende Wort wird ihn mahnen: »Wer ein Kind Gottes ist, sündigt nicht mehr,weil Gottes Leben in ihm wirkt. Er kann gar nicht weiter sündigen, weil Gott sein Vater ist.« 1. Johannes 3, 9 (Gute Nachricht)

Noch einmal zurück zu dem Ausspruch meiner Großmutter. Es kann hilfreich sein, die Sache mit der Sünde ernsthafter zu bedenken. Es kommt ja gar nicht so selten vor, dass uns ein Missgeschick passiert, uns etwas runterfällt, vergessen wird oder verloren geht.

Mir jedenfalls ist dieser Satz aus meiner Kindheit hängen geblieben und er klingt bei mir öfter auf, wenn wieder einmal etwas »danebengeht«.

»Mann, da hat er sich aber was eingebrockt.«

Die Abendnachrichten eines einzigen Tages eilen an uns vorbei. Schlag auf Schlag geht es: Naturkatastrophen, Erdbeben, Überschwemmungen ... Ein Bild jagt das andere und dem Zuschauer bleibt kaum Zeit, auch nur über eine einzige Meldung weiter nachzudenken.

Unterdrückung von Menschen,
Schlägereien in Irland und Israel,
Nöte der Kinderarbeit,
Suche nach einem Kinderschänder und Mörder,
Proteste gegen Diktatoren folgen.

Die meisten Mitteilungen betreffen von Menschen gemachte Nöte. Trotz der wenigen Bilder und der wenigen Worte packt einen das Entsetzen. Und genau da fällt mir der Satz ein: »Mann, da hat er sich aber was eingebrockt.« Und ich sehe im Geiste den Jungen vor mir, der diesen Satz aussprach.

Es war beim Bibellesen am Strand. Kinder, die zum Teil noch nie eine Bibel in der Hand gehabt hatten, waren unserer Einladung zum gemeinsamen Bibellesen gefolgt. Die Schöpfung war dran, und die Jungen und Mädchen hatten sich über die Schilderung der verschiedenen Schöpfungstage mit der Bemerkung des Bibeltextes gefreut: »Und siehe, es war gut«.

Dann kam der Bericht über die Erschaffung des Menschen. Da lasen sie es eben: »Und siehe, es war sehr gut«. Und genau an der Stelle platzte der Junge mit seiner Bemerkung heraus. Auf die Frage: »Wie meinst du das?«, nannte er Beispiele von menschlichen Untaten und Schrecklichkeiten, die ihm bekannt waren. Das war der rechte Augenblick, um das Gespräch zu vertiefen und von Jesus Christus zu sprechen, der heilmachen will, was nicht mehr gut ist und Beziehungen kaputtgemacht hat.

An jenem Morgen haben einige Kinder begriffen, warum Jesus in die Welt kommen musste, um Menschen von Schuld zu befreien und ihnen zu einem Leben zu verhelfen, an dem auch der Schöpfer seine Freude hat. Damals wurde uns Erwachsenen bewusst, dass wir den Kindern nicht früh genug sagen können, wie Gott es gemeint hat, als er den Menschen schuf und ihm Würde verlieh und dass er ihn prägen will, damit er so werden kann, wie der Schöpfer ihn gedacht hat.

Heute steht diese Aussage wieder vor mir angesichts aller negativen Nachrichten. So ist der Mensch: versuchlich, verführt und zu allem fähig.

Sollen wir in alles Klagen und Verurteilen einstimmen oder gar zu Menschenfeinden werden? Leider ist dies das Ergebnis bei vielen, und beim Verurteilen steht man selbst besser da – und betont es dann auch.

Das kann nicht die Antwort von Christen sein. Aber eine andere Reaktion darf bei uns entstehen: unsere Verantwortung erkennen und noch gezielter und mutiger von Gott und seinem Sohn sprechen, der Schuld vergibt und zu Neuanfängen verhilft. Ob die Mitarbeit in Gesellschaft oder Politik erfolgt oder ob Verkündigung verstärkt wird, zeigt sich, wenn wir Gott um Weisung bitten. Er wird uns zeigen, was »dran« ist. Auf jeden Fall tun wir gut daran, für solche zu beten, die Böses verhindern und ihre Verantwortung wahrnehmen.

»Die Welt von morgen wird sich durch die Kinder von heute nur in dem Maße ändern, wie wir die nächste Generation mit dem Evangelium von Jesus Christus erreichen.«

Autor unbekannt

»Beten Se mal, für Beten bin ich immer.«

Man könnte denken, es sei die Aussage eines Christen mit vielen Gebetserfahrungen. Weit gefehlt. Ein Achtjähriger ermutigte mich in einer sehr heiklen Situation.

Ein Helfer brachte den Jungen während einer Kinderfreizeit in mein Lagerbüro. Aufgeregt sagte er: »Der Junge hat mir gedroht: ›Ich laufe weg, und ihr findet mich nicht so leicht.‹« Es war eine Reaktion auf Hänseleien anderer Kinder, mit denen er nicht klar kam. Da unser Freizeitheim von Wald umgeben war, machte uns die Drohung schon Sorge. Nachdem der Junge sich etwas beruhigt hatte, bat ich ihn, sich zu setzen und mir ein wenig von zu Hause zu erzählen. In Protest blieb er zunächst stehen, dann nahm er Platz und erzählte seinen Kummer. Da war wirklich vieles in der Familie, was einen Achtjährigen beschweren und verwirren kann. Der Bruder verunglückt, er überbehütet, bei den Eltern Streit, der so oft handgreiflich endete. »Wenn es dann ganz schlimm ist, lauf ich in mein Zimmer, schließe ab und heule«, schloss er seinen Bericht.

Es wurde ein langes Gespräch zwischen uns. Als ich einmal die Sorgen seiner Mutter um ihn, den noch einzigen Jungen erwähnte, schaute er mich durchdringend an und fragte: »Können Sie hellsehen?« Als ich ihm erklärte, dass man Ängste und Sorgen anderer nachfühlen kann und Gott allen Kummer sagen darf, wurde er sichtlich ruhiger. Als ich ihn fragte, ob es ihm Recht sei, wenn ich für ihn und seine Familie betete, kam diese köstliche Ermutigung: »Beten Se mal, für Beten bin ich immer.«

An dieses Wort habe ich später noch oft gedacht. Sollten wir nicht viel eher an Beten denken, anstatt uns mit Grübeln und Sorgen zu belasten? Der Satz des Jungen hat es mir einfach angetan und mich zum Gebet ermutigt.

»In großen wie in kleinen Dingen erhört Gott das Gebet derer, die ihr Vertrauen auf ihn setzen.«

Hudson Taylor

»Kannst du kein Stern am Himmel sein, sei eine Lampe im Haus.«

Arabisches Sprichwort

Dieser Spruch hatte es mir angetan, als ich ihn zum ersten Mal sah: Ein hell erleuchtetes Zimmer eines Hauses, das sonst im Dunkeln liegt. Die Karte hatte sich die Frau des Hauses, eine viel beschäftigte Pfarrfrau und Mutter mehrerer Kinder, angeheftet. War es ein Trostwort für sie oder gar ein Lebensprogramm? Wir haben nicht miteinander darüber gesprochen. Aber beim Erleben der Familie kam es mir vor, als sei sie mit ihrer Lampenfunktion ganz zufrieden. Offensichtlich ging es bei ihr nicht nur darum, ihrem Mann »den Rücken frei zu halten« für seinen Dienst. Sie selbst war eine durchaus selbstständige Frau mit eigenen Interessen und Verantwortungsbereichen, auch wenn sie nicht so stark in der Öffentlichkeit stand.

Seitdem habe ich in der Begegnung mit Frauen oft an diesen Spruch gedacht. Es ist gut, dass wir Frauen Begabungen und Möglichkeiten haben, die in Gesellschaft und Politik wertvollen Einsatz leisten. Ihr Engagement ist beachtlich und sollte von unseren Gebeten begleitet werden. Sicher gibt es auch noch andere, die sowohl Begabungen und Interesse hätten, sich konkreter einzubringen. Und sie haben ihre Wünsche nicht verwirklichen können, weil irgendwelche Gründe – vielleicht Rücksicht auf Angehörige – es bisher verhindert haben. Das führt oft zu schmerzlichem Verzicht, bei einigen zu Frust und Resignation.

Beispiele aus der Geschichte zeigen uns bis heute, dass solche Frauen, die Gutes bewirkten, oft sehr ausdauernd und mutig kämpfen mussten, bis sie ihre Ziele erreichten, etwa

Mathilda Wrede (»Engel« der Gefangenen)
Florence Nightingale (Helferin der Kriegsgefangenen)
Anna von Weling (Begründerin der Allianz)
Mutter Teresa in jüngster Zeit

Ihre Verdienste wurden oft erst nach ihrem Tod so richtig bekannt. Sie selbst drängten nicht an die Öffentlichkeit. Und was ist mit den vielen unbekannten »Lampen« in unseren Familien und in den Berufen? Was wären unsere Krankenhäuser, Kindergärten und -heime ohne mütterliche »Lichter«? Und erst in unseren Familien! Die Erfahrung von Wärme und Liebe besonders durch die ständige Bezugsperson in den ersten Lebensjahren ist hinreichend bekannt. Aber auch andere Personen, die einem Kind Zuwendung und Liebe geben, sind äußerst wichtig. Dazu ein ermutigendes Beispiel. Eine Frau – verheiratet und Mutter von zwei Kindern –, die heute als Beraterin in der Seelsorge tätig ist, berichtet aus ihrem Leben. »In meiner Familie empfand ich mich als Kind oft als überflüssig und wie ›Kitt‹ zwischen meinen Eltern. Als Sechsjährige wurde ich von einer Schulkameradin mit in ihre Familie genommen. Es wurde ein wunderschöner Nachmittag für mich. Wir aßen miteinander selbst gebackenen Kuchen, und ich erlebte mit, wie das kleine Schwesterchen gebadet und mit Liebe gepflegt wurde. Ich weiß, dass ich in der Ecke des Flures stand und betete: ›Lieber Gott, guck mal genau hin, wie es hier ist. So möchte ich es später gerne auch haben.‹ Jahre vergingen, die Schwierigkeiten wurden nicht geringer, und in den Jahren der Pubertät war ich dem Lebensüberdruss nahe. Wieder war es eine mütterliche Person in der Gemeinde, der ich vieles anvertrauen konnte. Das half mir auch entscheidend, eine lebendige Beziehung zu Christus zu finden, die mein Leben nachhaltig prägte.« Aber das Bild der Familie mit der warmen Atmosphäre hatte sie all die Jahre in ihrem Herzen. Sie stellte mir eines Tages die Mutter der kleinen Schulkameradin vor, eine inzwischen älter gewordene liebenswürdige Dame, für die ihr so wohltuend empfundener Lebensstil selbstverständlich war.

Durch Begegnung mit solchen »Lampen« können auch Menschen mit Defiziten ein Stück heil werden und neu Lebensperspektiven finden. Leider haben sich viele Familienmütter und Frauen ohne großen Bekanntheitsgrad in den vergangenen Jahren oft deprimieren lassen. Wir sollten uns immer wieder neu bewusst machen, wie Recht Jean Paul hat: »Mit einer Kindheit voll Liebe kann man ein ganzes Leben lang haushalten.«

Gebet: Danke, lieber Herr, dass du mich gebrauchen willst, und schenke mir Liebe für andere.

»Wer Menschen gewinnen will, muss sein Herz an die Angel hängen.«

Ich weiß nicht, wer dieses Wort gesagt hat und wann ich es zuerst gehört habe. Es hat mich darüber nachdenken lassen, was es bedeutet und was nicht.

Nicht gemeint ist, dass wir Menschen »ködern« wollen. Dieses Wort ist für mich unangenehm und negativ besetzt, weil der Geangelte seine Freiheit einbüßt und gar sein Leben verliert. Es kann auf keinen Fall darum gehen, Menschen auf geschickte Weise ihrer Freiheit und ihrer Meinung zu berauben, wie es extreme Gruppen mit Tricks und Versprechungen auch auf religiösem Sektor versucht haben und noch betreiben. Auf diese Weise sind vor allem junge Leute in die Fänge verantwortungsloser Menschen geraten. Und wie schwierig ist es, sie aus solchen Zwängen zu befreien, weil sie den Mut verloren haben, Widerstand zu leisten, und innerlich kaputt sind.

Wie aber kann ich das Wort recht verstehen, dass es mich ermutigt und anspornt, Menschen für das Evangelium zu gewinnen? Nun, ich habe lebendige Beispiele vor Augen, die mich erstaunt und bewegt haben »mein Herz an die Angel zu hängen«.

Während einer Schulung für Mitarbeiter, die mit Kindern arbeiten, bittet man mich, in einem kleinen Dorf eine Kinderstunde zu gestalten. Es sei ein Kreis von Kindern im Haus einer älteren Alleinstehenden – so wird mir berichtet. Wir parken in der Nähe des Hauses, in dem sie eine kleine Wohnung besitzt. Die Mitbewohner sehen es nicht gerne, dass ein Wagen vor dem Haus parkt. Im Haus staune ich, wie viel Sitzplätze das bescheidene Wohnzimmer aufweist. Wo nur möglich, findet sich ein Sitzplatz, hier ein Kissen auf einer Stufe, dort noch ein Schemel.

An mehreren Stellen des Zimmers sind Kerzen und Teelichter aufgestellt, nicht etwa weil Weihnachten ist, sondern weil sie als Notbeleuchtung dienen, wenn wieder einmal – wie schon des öfteren geschehen – die Sicherung von den Mitbewohnern ausgeschaltet wird, weil sie die wöchentliche Kinderstunde nicht mögen.

Dann strömen sie herein, Kleine und Große, Jungen und Mädchen, aber nicht laut und patzig, sondern fröhlich und recht gesittet, so als müssten sie mit ihrem Benehmen ihre »Tante« – so wurde sie genannt – schützen. Ich habe inzwischen erfahren, dass schon die Eltern der Kinder und viele Dorfbewohner dort ihren Kindergottesdienst erlebten.

An diesem Nachmittag gestalten wir als Gäste das Programm, und die Gastgeberin sitzt strahlend inmitten ihrer Kinderschar und freut sich offensichtlich an der Geschichte und dem fröhlichen Mitmachen der Kinder. Auch uns macht es Freude, eine so motivierte Kindergruppe zu erleben. Es ist geradezu spürbar, was liebevolle Zuwendung Woche für Woche bewirkt. Am Ende der Stunde verabschiedet sich jedes Kind an der Tür. Da steht die alte Frau. In ihrer Hand hält sie eine große Tafel Schokolade, und jedes Kind erhält ein Ministück zum Abschied. Fast ehrfurchtsvoll nehmen die Kinder es entgegen, so als wüssten sie es ganz besonders zu schätzen.

In meinen Gedanken findet sich all das, was ich vorher über den bescheidenen Lebensstil dieser Frau und ihre Probleme gehört habe. Der Anblick rührt mich: Da schenkt jemand von dem Wenigen, das er hat, aber er tut es mit viel Liebe. Wie gut ist es zu wissen, dass Jesus das alles weiß, so wie er damals das Scherflein der Witwe bemerkte und darüber sprach (Markus 12, 41-44).

Außer der ihr zustehenden Wohnung scheint es keine Rechte für die Frau zu geben. Einige Naturalien gehören zwar zu ihrer Versorgung, aber sie verfügt kaum über bares Geld.

Und noch viele andere Beispiele habe ich vor Augen, bei denen Menschen mit Herz »angelten«. Da haben Menschen mit viel Anstrengung und Opfern einen kleinen Saal in einem Gebäude auf einem Hinterhof eingerichtet. Wenn man den Saal erreicht hat, ist man von der gemütlichen Atmosphäre angetan.

An zwei Tagen, im Frühjahr und im Herbst, ist der Raum ganz besonders schön gestaltet. In mühsamer Kleinarbeit hergestellte Tischkärtchen gibt es, dazu passenden Blumenschmuck und an jedem Platz ein das Thema des Nachmittags ergänzendes Büchlein. Gastgeberin ist vor allem eine allein stehende Dame, die mit über 70 Jahren mit Hilfe einer jüngeren Schwester das alles vorbereitet und viele Menschen mit einer sehr geschmackvollen Einladung persönlich einlädt. Ich staune über die sehr unterschiedlichen Gäste, die den Nachmittag erleben. Da sind junge Mütter, die sich nach Entspannung und Verstehen sehnen. Als Kinder sind sie selbst im Kindergarten bei ihr gewesen und haben den Kontakt über Jahrzehnte nicht verloren, auch nicht in den Jahren, als sie unter atheistischem Einfluss lebten. Zu den Gästen gehören Nachbarn, Menschen, die bisher vom Evangelium wenig gehört haben. Und eine Gruppe fällt mir besonders auf. Es ist eine stattliche Anzahl von Frauen, die vor sechs Jahrzehnten ihre Schulkameradinnen waren. Sie sind besonders aufmerksame Zuhörer und sagen es auch offen: »Wir empfinden so viel Liebe und Zuwendung, dass wir immer wieder gerne kommen.«

Natürlich fehlen Kaffee, Kuchen oder ein Imbiss nicht. Kein Wunder, dass man nach dem Referat eines geladenen Gastes gerne noch zu Gesprächen und Rückfragen verweilt. Die Herzlichkeit der Gastgeberin ist an vielen Begegnungen zu erkennen, besonders auch beim Abschied.

Ganz still steckt manche Frau etwas in ein kleines Körbchen, wohl ahnend, dass alle Kosten von der Rentnerin bezahlt werden. Über Geld wird nicht geredet, das hat sie sich vorgenommen. Ihre größte Freude ist es, dass Menschen sich einladen lassen, um auf ihre Lebensfragen Antworten aus Gottes Wort zu hören. So bleibt es auch nicht bei diesen zwei Veranstaltungen im Jahr. Man erfährt es so nebenbei, dass der Kontakt mit Einzelnen gepflegt wird, vielleicht über den Gartenzaun oder beim Einkaufen. Ja, so kann ein einzelner Mensch mit seinen Gaben, seiner Güte und Liebe anderen eine Hilfe zum ewigen Leben geben – ein Leben, das schon in dieser Zeit Leben verändert und bis in die Ewigkeit hineinwirkt.

Und was kann erst geschehen, wenn ein ganzer »Anglerverein« – ich denke an die Christen, die das Zeichen des Fisches kennen und als Symbol tragen – in dieser Weise das Herz »an die Angel hängen«. In meiner Erinnerung habe ich viele Menschen vor Augen, die seit Jahren – von vielen unbemerkt – mit ihrer ganzen

Existenz bemüht sind, Kollegen, Nachbarn und Verwandte für das Evangelium zu gewinnen.

Menschen unserer Tage haben eine starke Sehnsucht nach Verstehen und Geborgenheit. Diese Sehnsucht wird durch Theorien und kluge Worte nicht gestillt, wohl aber durch die Liebe Gottes, die in Menschen wirksam ist, die in Lebensgemeinschaft mit Jesus Christus leben und handeln.

»Es geht nicht nach Lust, sondern nach Pflicht.«

Dies ist kein Ausspruch eines berühmten Menschen, sondern ein Motto in den Teams der Strandmission geworden.

Während der Sommerferien arbeiten junge Leute ehrenamtlich mit hauptamtlichen Mitarbeitern des Bibellesebundes für zwei Wochen an Urlaubsorten der Nord- und Ostsee. Sie zahlen Anreise und Aufenthalt selbst und wohnen gemeinsam in Wohnwagen, die der Bibellesebund zur Verfügung stellt. Die Einsätze werden mit den Kurverwaltungen und den Kirchen am Ort abgesprochen.

Geprägt wurde der Ausspruch, als sich widrige Umstände ergaben.

Eine dieser Situationen.

Unfreundliches Wetter am Strand: Dauerregen mit Windböen. Kaum jemand ist auf dem Campingplatz zu sehen und wenn, dann mit wasserdichten Regenjacken und Gummistiefeln. Da bleibt man am liebsten im kuscheligen Zelt oder Wohnwagen, trinkt Tee oder hört Kassetten. Aber es sind tägliche Kinderstunden im Spielhaus angesagt. Das gehört zu unserem Angebot für Urlauberfamilien »Frohe Zeit für Kinder«.

Bald ist es so weit: Visuelles Material für die biblische Geschichte und Liedpappen sind schon in Ledertaschen verpackt. Wenn's nur nicht so schüttete. Was soll's! Gleich müssen wir losgehen. Mit Instrumenten und Gesang einladen können wir allerdings nicht. Da hält ein Auto am Eingang. Der Geschäftsführer der Kurverwaltung will sich selbst überzeugen: »Sie machen doch auch heute Kinderstunden, oder?« »Klar«, sagen alle vom Team. Es gibt keinen Zweifel. Regelmäßigkeit ist wichtig, Pflicht gilt. Das haben alle begriffen und damit etwaige Unlust überwunden. »Gerade an solchen Tagen ist Ihr Dienst hier ganz wichtig. Ich dachte es auch von Ihnen nicht anders.« Damit verabschiedet sich der verantwortliche Mann und fährt weiter.

Solche Situationen haben wir öfter erlebt. An einem Sonntag waren 300 Kinder auf ein Fest gespannt, das trotz Regen mit viel Improvisation in mehreren Räumen stattfand, während die Eltern die Zelte aufbauten. Tage mit extremer Hitze sind ebenso herausfordernd. Da möchte man eher schon mal im Schatten bleiben, anstatt Kinderstunde am Strand zu halten oder in brütender Hitze an den Nachbarort zu fahren. In solchen Augenblicken entstand der Satz: Es geht nicht nach Lust, sondern nach Pflicht.

Wenn wir dann abends den Feierabend und die Gemeinschaft genossen, waren wir eigentlich recht glücklich, unseren Pflichten nachgekommen zu sein und dabei Eltern und Kinder beglückt zu haben. Für viele waren solche Anforderungen ein gutes Training für andere Aufgaben in Familie und Beruf, denn nicht alles macht unbedingt Spaß, was erledigt werden muss. Aber gefreut haben wir uns auch, als am Saisonende eine dicke Schlagzeile in der Tageszeitung über die Einsätze lautete: »Auf den Bibellesebund ist Verlass.«

Der obige Satz zog sich oft wie ein roter Faden durch unsere Einsätze. Aber er hat die Freude an allem frohen Miteinander nicht geschmälert. So mancher Jugendliche ist dabei nachdenklich geworden, denn für viele galt: »Es muss Spaß machen.« Das war eine starke Prägung in den vergangenen Jahren. Und sie hat Wirkung gezeigt. So mancher hat dabei Belastbarkeit eingebüßt. Ein Therapeut brachte es so zum Ausdruck: »Der Weg, der bei vielen mit absolutem Lustgewinn begann, endete mit absoluter Unlust.«

Nicht nur junge Leute kennen die Neigung, Unangenehmes zu verschieben oder liegen zu lassen. Es stimmt zwar, dass frohe Erlebnisse und große Kinderzahlen ermutigen, aber da liegt auch die Gefahr, an solchen Zahlen zu messen. Mich hat dieser Satz jedenfalls oft herausgefordert und ermutigt, Pflichten treu zu erfüllen.

»So sucht man nicht mehr an den Haushaltern, als dass sie treu erfunden werden« (1. Korinther 4, 2).

»Vorne bist du so jung wie meine Mutti, hinten bist du älter.«

Die Offenheit von Kindern finde ich einfach herrlich. Die Feststellung kam von einem Neunjährigen auf dem Heimweg nach einer Kinderstunde. Zunächst hatte er mich nach Wohnort, Alter usw. gefragt. Danach schaute er mich von der Seite an, wohl vergleichend mit seiner Mutti, und dann kam der Ausspruch. Der Knoten im Haar war wohl sehr ungewohnt oder erinnerte ihn an Ältere, die er kannte. Der Mutter war es peinlich, als sie es bei einer Begegnung erfuhr – mir nicht.

Der Junge hatte ja Recht, es lag eben an der Frisur. Und Kinder können Alter nur schlecht einschätzen. Umso wichtiger ist es für Erwachsene, dass sie zu ihrem Alter stehen. Und es wirkt dann fast lächerlich, wenn man auf »jugendlich« machen will, es aber nicht gelingt.

In den letzten Jahren ist es ohnehin so gewesen, dass Kinder mich als Oma gesehen haben, aber sehr gerne bei biblischen und anderen Geschichten zuhörten.

Mich beeindruckt der Satz von Dr. Paul Tournier:

»Im Alter zählt nicht mehr das Haben und Tun, wohl aber das Sein.«

»Dein Wort ist meines Fußes Leuchte und ein Licht auf meinem Wege.«

Psalm 119, 105

Erst seit ich das Öllämpchen als Symbol des Bibellesebundes mit diesem Bibelwort sah, lernte ich es bewusst kennen.

Wenn ich zurückblicke, kann ich dankbar feststellen, dass ich das Licht des Wortes Gottes seit früher Kindheit erlebt habe.

An die allerersten Begegnungen mit dem Wort Gottes kann ich mich nicht genau erinnern. Ich weiß nur noch, wie ich als Vorschulkind glücklich war, als meine Eltern mir von einer Missionsstunde eine kleine bunte Bibel mitbrachten. Der Abend bleibt mir unvergesslich. Ich durfte länger aufbleiben – was ich sehr genoss –, um auf ihre Rückkehr zu warten. Aber irgendwie befiel mich große Angst, die erst wieder wich, als ich ihre Schritte auf der Treppe hörte. Und dann die Überraschung mit der kleinen Bibel, die mir nun ganz allein gehörte. Sie enthielt Bilder von Julius Schnorr von Carolsfeld. Seine drastischen Darstellungen hinterließen einen starken Eindruck bei mir.

Später war es unsere große Familienbibel mit Bildern von Rudolf Schäfer, die ich gerne anschaute und auch schon lesen konnte. Unvergesslich ist mir auch, dass an der Schwelle zum neuen Jahr mein Vater aus dieser besonders schönen Bibel den 90. Psalm vorlas. Die Worte von dem großen Gott, dem man sich anvertrauen kann, leuchteten für mich immer wie ein Licht vor dem ungewissen neuen Jahr. Es waren ja die Jahre des zweiten Weltkrieges, die dunkel vor uns lagen. Nach und nach fand ich meinen eigenen Zugang zur Bibel. Waren es gegen Ende des Krieges angstvolle Fragen an die Offenbarung, die wir als 14-Jährige gemeinsam lasen, so war es kurz vor Kriegsende ein kleines Testament, das mich anzog. Es war für mich ein Vermächtnis aus dem Nachlass meines Bruders, der mit 19 Jahren als Soldat seiner Verwundung erlag. Er hatte mir – seiner kleinen Schwester – noch kurz vorher von seinem persönlichen Glauben an Jesus Christus geschrieben. Und die pflegende Krankenschwester hatte uns Angehörigen erzählt, er habe oft in dem kleinen Büchlein gelesen (das sie für ein Notizbuch gehalten hatte). Und sie wusste auch zu berichten, dass er sehr zufrieden und dankbar die Betreuung genoss und für sie auffallend gelassen war.

Ich habe nur ahnen können, was Gottes Wort ihm in den dunklen Stunden bedeutet hat. Beeindruckt hat mich vor allem, wie meine Großmutter mit der Bibel lebte. Sie wohnte mehrere Monate in unserer Familie mit. Mir fiel auf, dass sie konkret Gottes Wort in ihr tägliches Leben einbezog und ihre Entscheidungen mit der Bibel begründete.

Noch heute fallen mir gewisse Bibelstellen zu Lebenssituationen ein, die sie mir auf Anfrage nannte. Ich sah oft beim Briefeschreiben die Bibel daneben liegen. Im Reden und Tun war die Bibel ihr Licht auf dem Weg.

Von ihr erfuhr ich auch von der Gewohnheit, den »Zehnten« für das Reich Gottes zu geben. Solche Vorbilder vergisst man nicht! Mein persönliches Bibellesen war am Anfang recht mühevoll und eher ein »Stolpern« durch die Bibel. Da ich vorne anfing, waren mir bald die Geschlechtsregister im Wege. In der Mitte fand ich viel Bekanntes, und die Offenbarung war mir natürlich zu schwer. Mein Bibellesen war stark von Lust und Laune bestimmt, dementsprechend nicht besonders ergiebig. Das änderte sich entscheidend, als ich mit 16 Jahren in meiner Gemeinde den Bibelleseplan des Bibellesebundes für Jugendliche bekam, den Schweizer Christen 1947 in Deutschland einführten. Ein Jahr vor der Währungsreform waren das bei der Papierknappheit tolle Angebote für uns.

Da ich schon nach weiteren zwei Jahren in meiner Gemeinde in der Arbeit unter Kindern einstieg, wurde die Bibel auch ein Arbeitsbuch, wenn ich mich vorbereitete. Im Mitarbeiterkreis beschäftigten wir uns dann auch intensiv damit, und gerade das gemeinsame Arbeiten machte uns allen viel Freude.

Ich weiß noch, dass ich meine erste Jungscharandacht über den Bibelvers hielt: »Der Mensch lebt nicht vom Brot allein, sondern von einem jeglichen Wort, das durch den Mund Gottes geht« (Matthäus 4, 4). In den folgenden Jahren und Jahrzehnten durfte ich erleben, wie Gottes Wort in ganz persönlichen Fragen und Lebensführungen meinen Weg beleuchtete, zwar nie auf weite Strecken im Voraus, aber eben als Fußes Leuchte.

»Wenn Sie des Geistes Kind sind wie diese Leute ...«

Den Satz »des Geistes Kind« zu sein, kannte ich sehr wohl.

Schließlich entstammt er wesentlich aus der Bibel. Er wurde von Jesus verwendet, als er seine engsten Freunde korrigierte und sie daran erinnerte, dass Gott ihr Herr war. Theoretisch wussten sie das wohl alle. Aber in der Praxis fällt es dann oft schwer, mit den Maßstäben der Liebe zu reagieren.

Als die Jünger Jesu in einer Gegend Ablehnung erfuhren – nachzulesen in Lukas 9, 55 –, hätten sie gerne Vergeltung geübt. Es wäre ihnen mehr als recht gewesen, wenn Jesus seine Macht gebraucht und die ganze Gegend durch Feuer vernichtet hätte. Und dann hörten sie von Jesus: »Wisset ihr nicht, wes Geistes Kinder ihr seid?« Damit war das Thema erledigt.

Vielleicht haben sich die Jünger auch geschämt, so wie wir es tun, wenn uns bewusst wird, dass wir in der Gefahr stehen, gegen den Willen unseres Herrn zu handeln, obgleich wir nach üblichem menschlichem Denken damit Ausnahmen sind.

Was war nun der Auslöser für diesen Satz, der für mich so wichtig war? Ich hatte bei der Absicht, die Strandmission für Kinder zu beginnen, einen Besuch bei dem zuständigen Herrn der Kurverwaltung gemacht. Da ich im Urlaub war, hatte ich kein Informationsmaterial dabei. Ich beschrieb das Anliegen und erhoffte nur eine Erlaubnis für einen ersten Test. Im Laufe des Gesprächs kamen wir auf Namen zu sprechen, die mir vertraut waren. Als ich das erwähnte, fiel der obige Satz mit der Fortsetzung: »Wenn Sie des Geistes Kind sind, dann können Sie gerne bei uns arbeiten«.

Ich staunte über diese unerwartet schnelle Erlaubnis. Ich war ein wenig neugierig, fragte aber nicht nach. Mein Gegenüber erzählte von sich aus, was ihn so positiv gestimmt hatte. Es war erlebte Zuwendung und Verständnis für ein Kind, das gehemmt war, und eine beobachtete freundliche Haltung zu Menschen – und das über Jahre. Die Bibel nennt es in alter Sprache »Leutseligkeit«.

Güte ist eine Frucht des Geistes bei Menschen, die mit Gott leben und Jesus nachfolgen. Dabei geht es nicht um fromme Worte, sondern um ausgelebtes Christsein. Wo Glaube nicht vom Kopf ins Herz kommt, bleibt er Theorie, die keinen Menschen zur Nachfolge ermutigt. Aus diesem ersten Testversuch an der Nordsee durfte eine Arbeit unter Urlaubern werden, die schon über zwei Jahrzehnte Bestand hat.

Noch oft ist mir der Ausspruch ins Gedächtnis gekommen, und er hat mir geholfen, mein Handeln zu bedenken, damit Menschen erkennen, wes Geistes Kinder wir sind, und sie für das Evangelium offen werden.

Ähnlich empfand es wohl der Liederdichter, als er in einem Lied schrieb:

»Im Wort, im Werk und allem Wesen
sei Jesus und sonst nichts zu lesen.«

Aus: »Ich bete an die Macht der Liebe« von Tersteegen, 3. Strophe, 1751

(Dichter unbekannt)

»Christsein heißt: Verbindung mit Jesus Christus haben und aus dieser Verbindung heraus verantwortlich handeln.«

Albrecht Goes

Wenn ich Kinder oder Jugendliche über Christen reden hörte, hieß es oft:

Ein Christ ist, wer sonntags in die Kirche geht.
Wer anständig lebt und Gutes tut.
Wer die Bibel liest und betet.

Daraus ergaben sich meistens sehr gute Gespräche über Glauben und Leben als Christ. Schließlich gehören ja die genannten Verhaltensweisen zum Christsein, aber sie sind nicht die Übungen, die zum Christen werden lassen. Unzählige Stunden haben wir mit diesem Thema verbracht. Es ist erstaunlich, wie viele Menschen auch in unseren Tagen religiös bemüht sind im Blick auf Glauben. Es war für mich eine Entdeckung, eines Tages das obige Wort zu lesen. Es war genau in der Zeit, als ich viel im Gespräch mit jungen Menschen war. Ich finde die Formulierung präzise und praktisch. Mir drängte sich dabei auch noch folgender Vergleich auf.

Bei einem Flugzeug sind beide Tragflächen gleich wichtig. Das Fehlen einer Tragfläche würde zum Absturz führen.

Die beiden Wahrheiten der Aussage haben gleichwertige Bedeutung. Glaube im Sinne der Bibel heißt, diese persönliche Beziehung zu Jesus zu haben. Ohne diese Verbindung bleibt Glaube eine Theorie und lässt unser Herz leer. Und genau das fehlt vielen Menschen um uns herum. Sie wollen glauben, sehnen sich auch nach Vergebung, Frieden und Trost. Aber sie kennen Jesus nicht oder nur von irgendwelchen Beschreibungen, ohne in Beziehung mit ihm zu leben. Wenn es aber zu einer persönlichen Beziehung – man kann es auch Begegnung nennen – mit Jesus kommt, ist das verantwortliche Handeln eine logische Folge. Sonst »kippt« etwas in der Nachfolge. Nicht frommes Gerede ist gefragt, sondern Glaube, der in der Liebe tätig ist. Glaube – nur in Worten vermittelt – ist nicht lebendig und wirkt nicht anziehend. Wenn verantwortliches Leben erkennbar ist, horchen Menschen auf. Ob es im Lebensumfeld von Familie, Beruf oder Gesellschaft ist; wir brauchen Menschen, die Verantwortung übernehmen und ihr Leben gestalten, auch dann, wenn sie dadurch gegen den allgemeinen Trend leben. Schon am Anfang der Gemeinde war dieses verantwortliche Leben bei den Christen erkennbar. Es wird in der Apostelgeschichte von ihnen berichtet: »Sie wurden vom ganzen Volk geachtet« (Apg 2, 47b / Gute Nachricht) und »alle sprachen mit Achtung von ihnen« (Apg 5, 13 / Gute Nachricht).

Doch eins sei noch bedacht. Gibt es nicht viele Zeitgenossen, deren Ziel darin besteht, gute Taten zu tun, die Umwelt zu schützen, die Natur zu erhalten? Das sind ganz gewiss lobenswerte Einstellungen und es ist mit ernsthaftem Bemühen verbunden. Doch wenn es um den Glauben geht, »kippt« auch hier die Sache, falls es ohne Beziehung zum Schöpfer und zu seinem Sohn Jesus Christus geschieht. Sicher spielt hier die Prägung eine gewisse Rolle, ob man das eine – »Beziehung zu Christus« – oder das andere – »verantwortliches Handeln« – mehr im Blick hat.

Mir hat der Satz schon oft geholfen, mich auf die beiden wesentlichen Punkte zu besinnen, um das geistliche »Gleichgewicht« zu behalten.

»Ich habe keinen Menschen.«

Ein Satz, der mir aus einer biblischen Heilungsgeschichte wohl vertraut war. Ausgesprochen wurde er von einem Mann, den Jesus nach 38 Jahren Krankheit heilte.

Mit Leben neu gefüllt bewegte mich dieser Satz ausgerechnet in Israel, unmittelbar neben den Ausgrabungen der Hallen von Bethesda, wo jener Kranke gelegen hatte. Jetzt war es eine Jugendliche, die dort auf einer Bank saß, den Kopf in beide Hände gestützt. Als sie aufschaute, las ich in ihrem Gesicht Traurigkeit und Einsamkeit. Ich vergesse den Eindruck nicht und habe das Bild im Foto festgehalten. Für mich war es die Erinnerung an jene Klage aus dem Johannesevangelium. Unzählige Male ist mir die Klage seitdem begegnet. Selbstverschuldete Einsamkeit? Durch Schuld anderer verursacht? Wer kann das immer beurteilen? Jesus hat es vor den Ohren anderer auch nicht getan. Aber er hat mit seiner Zuwendung die Einsamkeit durchbrochen. Sollte uns das nicht öfter gelingen? Es braucht oft nicht viel: Gespräche können Leben erhalten. Wir wissen es von Strafgefangenen, die – dem Selbstmord nahe – durch Briefkontakte und Besuche wieder ins Leben zurückfanden.

Die Klage »ich habe keinen Menschen« findet sich schon bei Kindern, vielleicht mehr denn je, trotz des Wohlstands, vielleicht sogar deswegen. »Ich habe ein eigenes Zimmer und tolle Geräte, aber keinen, der Zeit für mich hat.« Das ist kein Einzelfall. Vor unserem Zelt am Wohnwagen auf dem Campingplatz, auf dem wir »Frohe Zeit für Kinder« (Lieder, Geschichten, Spiele) anboten, tauchte immer wieder eine 11-Jährige auf und suchte unsere Nähe. Sie erzählte: »Meine Eltern sind geschieden. Ich war bis jetzt bei meinem Vater, der kleine Bruder bei der Mutter. Neuerdings bin ich auch bei meiner Mutter. Es klappt aber nicht gut. Ich will wieder zu meinem Vater. Ich hab niemand, mit dem ich reden kann. Darum habe ich immer alles meinem Hund erzählt. Wegen der kleineren Wohnung mussten wir den Hund verkaufen. Das war schwer für mich. Als Ersatz bekam ich ein Kätzchen. Das ist mir aber nach einer Zeit weggelaufen.«

Eine junge Mitarbeiterin nahm sich viel Zeit für das Mädchen. Sie hatte Verständnis, weil sie selbst eine schwierige Kindheit durchlebt hatte. Und sie konnte ihr von Jesus, dem besten Freund erzählen, der ihr so viel bedeutete und sie getröstet hatte.

Solche Begegnungen lassen die Einsamkeit vieler Kinder erkennen, und auch liebevolle Kontakte lösen die Not nicht auf. Aber sie können einem jungen Menschen Hoffnung schenken und zur Hilfe werden.

Bei älteren Menschen ist es nicht anders. Ich habe in Bahnhöfen ältere Damen angetroffen, die regelmäßig dort ins Restaurant gingen, um Menschen zu erleben. Und ältere Teilnehmerinnen genießen bei Frühstückstreffen und Frauentagen die Gemeinschaft ganz besonders. »Ich sitze sonst immer alleine vor meinem Teller«, sagen sie und freuen sich besonders an selbst gebackenem Kuchen, den sie kaum noch kennen. Eine 80-Jährige in einer Großstadt sagte mir: »Gestern Abend nach 20.00 Uhr habe ich per Telefon zum ersten Mal mit einem Menschen geredet.« Wie gut und hilfreich ist es, wenn allein lebende Personen regelmäßig untereinander Telefonkontakt pflegen. Es ist oft die einzige Möglichkeit, sich auszutauschen. Gerade Frauen haben ein starkes Bedürfnis, sich anderen mitzuteilen. Aber nicht nur sie.

Ein junger Mann erzählte mir, dass ein Herr seiner Mutter nach einem Gespräch auf einem gemeinsamen Weg in der Stadt 100,- DM schenken wollte, nur weil er einmal in Ruhe aussprechen durfte, was ihn bewegte.

Ganz gewiss haben wir in Familien und Gemeinden die Möglichkeiten dazu noch längst nicht ausgeschöpft, um Einsamen zu begegnen. Es könnte ein tägliches Gebet werden, offene Augen für solche zu haben, die uns gerade nötig brauchen. Vielleicht durch einen Anruf, eine Karte oder einen Besuch. Unser Herr bedient sich oft der Menschen, die sich von ihm gebrauchen lassen.

Wir können Orte schaffen helfen,
von denen der helle Schein der Hoffnung
in die Dunkelheit der Erde fällt.

Friedrich v. Bodelschwingh

»Wenn eine Plage kommen will,
so fürchtet er sich nicht;
sein Herz hofft unverzagt
auf den Herrn.«

Psalm 112, 7

Es gibt Tage, an denen der Umgang mit der Bibel eine gute Gewohnheit ist, aber nicht sonderlich bewegt. Dann gibt es wieder Augenblicke, in denen das Wort wie ein Hammer zuschlägt oder auch wie Medizin wirkt. Und in Tagen, in denen man Hilfe sucht, ist man besonders für Trostworte empfänglich, ja man sucht sie geradezu.

Es hat sich bewährt, das Bibellesen im normalen Tagesablauf einzuplanen. Zugegeben, es ist eine Herausforderung, die oft Disziplin erfordert, wenn das Lustprinzip im Wege steht.

Seit meiner Teenagerzeit habe ich meine Erfahrungen gemacht (und mich oft hinterher über meine Lässigkeit geärgert, wenn ich ein gutes Wort verpasst habe, das gerade an *dem* Tag wichtig gewesen wäre).

So war es klar, dass die Bibel im Gepäck war, als ich ins Krankenhaus musste. Eine Operation war angesagt. Die unsicheren und ängstlichen Gefühle vor dem Ausgang sind ja bekannt. Ich lernte sie auch kennen.

Und dann las ich den Tagestext, Psalm 112. Er war mir neu. Meine Augen und Gedanken blieben an Vers 7 hängen. In der alten Lutherausgabe hieß es: »Wenn eine Plage kommen will, fürchtet er sich nicht; sein Herz hofft unverzagt auf den Herrn.«

Laut Überschrift des Psalms sind Gottesfürchtige gemeint. Also Menschen, die als Christen ihrem Herrn vertrauen.

Die Worte trafen mich tröstend und herausfordernd zugleich, besonders der zweite Teil. Ich hatte den Eindruck, dass die Worte ganz tief in mein Bewusstsein eingedrungen seien. Noch im Operationssaal waren meine letzten Gedanken: »Sein Herz hofft auf den Herrn.« Ich war ganz ruhig dabei geworden und fühlte mich bei Gott geborgen. In besonderen Situationen unseres Lebens wirken bestimmte Worte besonders nachhaltig. In den Psalmen finden wir uns immer wieder. Sie können uns eine große Hilfe sein, wenn Beten uns schwer fällt oder Schwäche es unmöglich macht. Davon können kranke und alte Menschen mit schwindender Kraft viel sagen.

Ich entsinne mich, dass meine Mutter von einem Erlebnis in Krankheitstagen berichtete. Bei großer körperlicher Schwachheit hatte sie plötzlich ein Wort in Gedanken, das ihr unbekannt vorkam. Erst durch Rückfrage erfuhr sie, dass dieses Wort – »Wenn ich dich anrufe, so erhörst du mich und gibst meiner Seele große Kraft« – ein Psalmwort war (Psalm 138, 3).

Irgendwann hatte sie es wohl einmal in sich aufgenommen, ohne es bewusst zu registrieren. Das zeigt mir, wie wichtig es ist, dass wir gute Worte in uns hineinlassen, die nicht ohne Wirkung bleiben.

Es hat mich sehr beeindruckt, dies bei meiner

Großmutter zu erleben. Als sie in hohem Alter nicht mehr lesen und kaum hören konnte, kam sie morgens oft mit den Worten zum Frühstück: »Heute hieß es in mir ...«, und sie zitierte ein Wort der Bibel, das sie ermutigt oder getröstet hatte.

Für mich war es ein lebendiges Beispiel, dass ein Mensch konkret mit dem Wort Gottes lebt und auch davon nachhaltig geprägt wird.

Das mag uns veranlassen, darüber nachzudenken, welchen Einflüssen wir uns aussetzen. Und im Blick auf Kinder und Enkel ist es in Gemeinden und Familien wichtig, ihnen das Beste an Literatur und Filmen zu gönnen, weil gerade in jungen Jahren der Einfluss besonders prägend ist.

In einer Zeitschrift war zu lesen: Manche Eltern sagen: »Wir wollen unsere Kinder nicht beeinflussen, ihre Entscheidung und ihre Wahl im Blick auf die Religion zu treffen.« Warum nicht?

Die Presse wird es tun!
Das Fernsehen wird es tun!
Die Anzeigen werden es tun!
Die Nachbarn werden es tun!
Die Politiker werden es tun!
Die Macht der Sünde wird es tun!

**»Ich will schweigen und meinen
Mund nicht auftun,
denn du hast es getan.«**

Psalm 39, 10

Es war ein Schock für uns Verwandten. Innerhalb von 15 Minuten war das blühende Leben meiner Cousine beendet. Sie war 24 Jahre alt und, wie alle meinten, kerngesund. Sie war ein einziges Kind, gerade verlobt und bereit, das elterliche Schuhgeschäft verantwortlich zu übernehmen. Plötzlich tritt Schmerz und Unwohlsein auf. Kaum hat sie sich auf die Couch gelegt, ist sie tot, noch ehe der Vater im angrenzenden Laden zur Stelle ist.

Eine sehr seltene Krankheit mit plötzlichem Tod war die Ursache. Eine harte Tatsache, ohne irgendein Anzeichen. Keine Möglichkeit zum Abschied nehmen.

Und nun standen wir am Grab mit einer großen Trauergemeinde. Alle waren von dem plötzlichen Tod bewegt, vor allem auch wir Jüngeren. Ich war damals keine dreißig Jahre alt. Der Pfarrer ließ uns wissen, dass die Eltern den Predigttext aus Psalm 39 selbst bestimmt hatten. Den Text hatte ich meines Wissens noch nie gehört.

Was sagt man angesichts solchen Geschehens, und wie viele Fragen drängen sich da auf? Warum gerade ein so junger Mensch sterben muss? Und warum so plötzlich herausgerissen werden? Und dann das einzige Kind? Ich bin sicher, dass die Eltern ähnlich gedacht haben.

Die Fragen bewegten mich noch, als der Text verlesen wurde. Aber dann drang der Satz an mein Ohr: »Ich will schweigen.«

Das wünschten die Eltern dem Beter nachsprechen zu können. Und sie wollten festhalten, dass Gott auch hinter all dem Erleben stand, weil er Herr über Leben und Tod ist. Der Pfarrer sagte es u. a. so: Es gibt Worte, die wir bewusst aussprechen oder auch nachsprechen. Aber es gibt auch Augenblicke, in denen wir nur stockend und stotternd solche Sätze sagen können: »Ich will schweigen und meinen Mund nicht auftun«, weil unser Herz sich mit Fragen und vielleicht auch Anklagen aufbäumen will. Das war für mich ein wesentlicher Teil der Predigt, und irgendwie wurden meine Fragen im Herzen leiser, und eine gewisse Ruhe stellte sich ein. Es mag einigen ähnlich ergangen sein.

In solchen Augenblicken – am Grab von Menschen – verändern sich oft die Prioritäten: Da wird Kleines noch kleiner, Wesentliches unwesentlich, wie es ein Dichter einmal formulierte. Man spürt, wie der Hauch der Ewigkeit hineinwirkt in das Alltagsgeschehen. Aber es ist oft wirklich nur ein kurzlebiger Hauch. Ich habe schon oft gestaunt, wie schnell andere Gespräche dran sind, wenn der Friedhof verlassen wird. Und in Gedanken an diese Abschiedsstunde von meiner Cousine mischen sich andere Erinnerungen an unfassbare Todesfälle, wo die Fragen nach dem »Warum« und

»Wozu« keine Antwort erfahren. Mir ist dabei der Psalm 39 eine große Hilfe geworden und ich lese ihn öfter mal wieder.

Es ist wahr, dass man sich in den Psalmen mit den unterschiedlichsten Empfindungen »unterbringen« kann.

»Du weißt, wie oft wir mutlos sind, wie die Angst gewinnt und uns jede Hoffnung nehmen will.
Doch deine Liebe ist so groß und lässt uns nicht los. Bei dir werden alle Ängste still.«

Aus: »Herr, du gibst uns Hoffnung«
v. Peter Strauch

»Der Vater ist größer als alles.«

Dieser Satz ging mir nicht mehr aus dem Kopf. Es war auf der Heimfahrt von einem Seminar. Wir hatten Lektionen von Psalm 23 und Johannes 10 über den »Guten Hirten« erarbeitet und eine Bildserie dazu verwendet. Eine Künstlerin hatte die Bilder gemalt. Am eindrücklichsten war dabei das Bild des Hirten, der das wiedergefundene Schaf auf seinen Schultern trug.

«Niemand wird sie mir aus meiner Hand reißen« aus Johannes 10, 29 stand dabei vor Augen. Beim Nachlesen dieser Worte war mir aufgefallen, dass im nachfolgenden Vers 29 noch hinzugefügt ist: »Der Vater, der sie mir gegeben hat, ist größer als alles, und niemand kann sie aus meines Vaters Hand reißen.«

Also zwei Garanten für dieses tröstliche Versprechen, dass uns Christen – als seine ihm folgenden »Schafe« – niemand aus seiner Hand reißen kann. Ich sehe darin einen liebevollen Trost für Tage der Anfechtung, in denen der Feind Gottes die innige Beziehung und Gewissheit der Rettung in Frage stellen will. Vater und Sohn verbürgen sich, uns nicht loszulassen.

Bei diesem Gedanken wurde ich froh und dankbar für die Versprechen in Gottes Wort. Und dann wurde mir der einleitende Satz zu diesem Versprechen ganz besonders wichtig. »Der Vater ist größer als alles.« Und in meinen Überlegungen blieb ich an dem *»alles«* hängen. Was kann das sein? Mir kam das zu pauschal vor und ich ging viele Möglichkeiten durch, die ein Christenleben bedrohen.

So begann ich, den Buchstaben entlang zu denken, wie wir es mit Kindern in einem so genannten Akrostichon mit Namen, Liedern und Bibelversen getan haben.

Bei **A** fiel mir natürlich sofort Angst ein, die auch Christen befallen und Vertrauen stören kann. Sonst hätte Jesus nicht sagen müssen: »In der Welt habt ihr Angst, aber seid getrost, ich habe die Welt überwunden« (Johannes 16, 33). Wie oft habe ich Menschen erlebt, die sich in ihren Ängsten an diesem Wort aufgerichtet haben und dadurch von ihren Schuldgefühlen befreit wurden, die sie empfunden haben, weil sie meinten, als Christen keine Angst haben zu dürfen. Ja, der Vater ist größer.

Bei dem Buchstaben **L** brauchte ich nicht lange zu überlegen: Leid und Lieblosigkeit kamen mir gleichzeitig in den Sinn. Beides sind starke Kräfte, die unsren Glauben auf die Probe stellen und oft glaubenshemmend wirken. Wie viele Menschen sind durch Leid und Lieblosigkeit anderer bitter geworden.

Ich kenne auch solche, die durch Leid reifer geworden sind und Lieblosigkeit überwunden haben. Sie haben es selbst erfahren, wie wahr auch hier ist, dass Gott größer ist als alles.

E als Buchstabe für Einsamkeit liegt nahe, und ich weiß sehr wohl, dass Menschen – unverschuldet oder durch die Schuld anderer – sehr darunter leiden. Ist nicht oft Einsamkeit Auslöser für Kurzschlusshandlungen und Selbsttötungen? Müsste diese Wahrheit von dem, der größer ist als alles, nicht noch intensiver denen gesagt werden, die in ihrer Einsamkeit leiden. Und müssten sie nicht auch mehr besucht werden? Und leidet nicht vieles auch an dem Egoismus, der Schaden anrichtet und Gutes verhindert?

Auch da gilt es: größer als Einsamkeit und Egoismus.

In Verbindung mit der Einsamkeit stand die Sorge für **S** vor mir. Ich brauchte nicht lange nachzudenken, um Gründe für eigene Sorgen zu finden. Bei meinen Reisen waren sie tägliche Begleiter: Wird die Schwäche der kranken Mutter zunehmen? Werde ich den Dienst noch weiter ausüben können?

Ob ich zu Hause bin, wenn der Krankheitszustand sich plötzlich verschlechtert? Ich kannte diese Gedanken nur zu gut und im »Sorgen-Werfen« nach der Empfehlung von 1. Petrus 5, 7: – »Alle eure Sorgen werfet auf ihn, denn er sorgt für euch« – hatte ich schon eine gewisse Übung. (Aber sie kamen oft zurück!) Auf diesem Heimweg hatte ich mit dem Gedanken an den Vater, der größer ist als alles, eine Stärkung erlebt und meine Heimfahrt dankend beendet.

Akrostichon

A – Angst

L – Leid

L – Lieblosigkeit

E – Einsamkeit, Egoismus

S – Sorge, Sucht

Als ich dieses »alles« später einmal mit Kindern durchbuchstabierte, nannten sie mir fast die gleichen Worte. Bei **S** kam sehr spontan das Wort »Sucht«, und es ließ mich erkennen, dass selbst Kinder um dieses Übel wissen – es vielleicht in der Familie erleben.

Und wie dankbar war ich, sagen zu können: Ja, der Vater ist größer als wirklich alles. Nehmen wir diese biblische Wahrheit ganz persönlich und in unsere konkrete Situation auf.

»Vater, ich danke dir, dass ich dir vertrauen darf, weil du in allem der Größere bist.«

»Gott tut alles fein zu seiner Zeit.«

Dieses Wort in Anlehnung an Prediger 3, 11 hat sich in meinem Leben viele Male bestätigt. Das erkennt man meistens erst hinterher. Das Warten auf seine Zeit ist der Teil, der von unserer Seite geleistet werden muss. Ich fand es oft schwer, besonders in jungen Jahren.

Mein Berufswunsch, Lehrerin zu werden, ließ sich wegen Erkrankung beider Eltern nicht realisieren. Ich gab zwar die Hoffnung nicht auf, aber es zeigte sich vorerst keine Möglichkeit dazu. So hatte ich neben der Pflege meiner Angehörigen stundenweise in einem Büro gearbeitet und mich in der freien Zeit in der Jugendarbeit engagiert.

Genau zehn Jahre nach Beendigung der Schulzeit konnte ich mit Ergänzungslehrgängen und Prüfungen die Fakultas als Religionslehrerin erwerben. Eine Zeit lang war ich in einer Berufsschule tätig, später im Blockunterricht für missionarische Kinderarbeit an verschiedenen Bibelschulen. Gott tut alles fein zu *seiner* Zeit.

Als ich mit dreiundzwanzig Jahren die innere Gewissheit hatte, hauptamtlich in die missionarische Jugendarbeit zu gehen, wusste ich nicht, wo es sein würde. In dieser Zeit begegnete mir dieses Wort zum ersten Mal, und ich fragte mich oft, wann Gottes Zeit wäre und wie ich sie erkennen könnte. Ich betete darum, und auch in dieser Frage fiel mir das Warten nicht leicht. Mit nur wenigen Menschen sprach ich über meine Gedanken.

Genau nach zwölf Monaten erreichte mich die Anfrage des Bibellesebundes, der im Jahr nach Ende des 2. Weltkrieges missionarische Arbeit von der Schweiz aus in Deutschland begann.

Wieder war es seine Zeit. Aber wie Gott manches dann tut, hat mich doch mehr als nur erstaunt. Bei der Sitzung der verantwortlichen Männer des Werkes wurde irrtümlich der Name Diehl erwähnt, der mich ins Spiel brachte. Eine Namensverwechslung hatte stattgefunden mit dem Ergebnis, dass die Anfrage an mich gerichtet wurde. Ich war darauf vorbereitet (ohne dass auch nur ein einziger Mensch etwas von meinem inneren Ruf wusste).

Noch oft habe ich es erfahren, dass Gott zu seiner Zeit etwas tut. In England lernte ich zu Beginn meiner Tätigkeit die gute Arbeit des englischen Bibellesebundes (Scripture Union) mit der Dorfkindermission und der Strandmission kennen. Ich war von diesen Möglichkeiten sehr angetan.

Neun Jahre später war die Zeit für den Beginn der Arbeit mit dem Kinderzelt – die heute noch geschieht und sogar ausgeweitet wird. Im gleichen Jahr wagten wir auch zaghafte Versuche mit der Strandmission, die dann sechs Jahre später (1970) an der Nordsee unter dem Motto »Fröhliche Zeit für Kinder« begann und noch heute Tausende von Kindern jährlich an acht Orten der Nord- und Ostsee erreicht. Ja, Gott tut alles fein zu seiner Zeit.

Alle die bisherigen Erfahrungen brachten mich innerlich zur Ruhe, wenn ich besorgt war, wie der Krankheitsverlauf meiner Eltern verlaufen würde, da ich ja im Reisedienst war. Auch da erlebte ich es erneut: Gott überwachte auch diese Situationen.

Ich konnte in beiden Fällen am Sterbetag zu Hause sein. Es war auch da zu seiner Zeit geschehen. Es tröstet, daran festhalten zu können, dass sich das Wort auch weiterhin bewähren wird. Mein Blick fällt oft auf ein Wort, das ich mir als Poster im Zimmer angebracht habe: »Weil du, mein Gott, am Anfang stehst, wie in des Lebens Mitte, weiß ich, dass du stets mit mir gehst und lenkest meine Schritte.«

(Oskar Loy)

»Die Gott liebt, leitet er selbst zur rechten Zeit, zur rechten Stell.
Wie könnte Einsicht den richtigen Zeitpunkt herausfinden, auf den es ankommt.«

Ricarda Huch

»Aber das ist meine Freude,
dass ich mich zu Gott halte
und meine Zuversicht setze
auf Gott den Herrn ...«

Psalm 73, 28

Ich habe den zweistimmigen Kanon von Diethelm Strauch im Ohr, mit dem dieses Psalmwort mir sehr vertraut geworden ist. Es ist eine Melodie, die man einfach »im Ohr« hat. Erst später ist mir aufgegangen, was es mit diesem Wort auf sich hat.

Da klagte ein Mann über die Zustände seiner Umwelt: Gottlose haben das Sagen, setzen sich mit Prahlen ins Bild und werden bei allem bösen Tun noch reich. Dieses Bild zieht sich durch die Menschheitsgeschichte und wird immer wieder Anlass sein, sich darüber aufzuregen. So ging es auch Asaph, dem wir den Psalm verdanken. Er gibt zu, dass er dabei fast verrückt geworden ist. Mit seiner »dunklen Brille« hat er einiges auch sehr pauschal und damit nicht unbedingt richtig beurteilt, denn es stimmt ja wohl nur in seiner Sicht, »dass Gottlose keine Qualen haben (Vers 4) und nicht wie andere Menschen geplagt werden« (Vers 5). Aber so ist das eben, wenn man in einer Mehrheit lebt, die sich nicht nach Gottes Maßstäben richtet. Das geht uns dann schon »an die Nieren« (Vers 21) und alles Nachdenken bringt keine Lösung.

Die Wende liegt da, wo Asaph sich an Gott wendet und mit Gottes Sicht das Ende der gottlosen Welt bedenkt. Damit wendet sich auch sein elender Zustand (nachzulesen in Psalm 73, 23-27). Er rafft sich zu einem »Dennoch« und einem fröhlichen »Aber« auf. Er sieht wieder klar und hat eine neue Perspektive. Sie heißt: »Sich an Gott halten. Ihm in allem vertrauen und sein Tun verkündigen.«

Soll ich sagen, wann mich das Wort immer wieder neu bewegt? Nicht nur beim Singen inmitten froher Sänger. Es fällt mir oft ein, wenn ich Nachrichten höre oder Berichte lese, die mich erzürnen, weil sie von Unrecht und Korruption berichten. In unserer Welt und Zeit braucht es Menschen, die sich entschließen, mit diesem gezielten »Aber« ihren Weg zu gehen, und daraus ein Lebensprogramm machen. Ich möchte dazu gehören.

»So bleibe nun bei uns mit deinem Segen
Für Leib und Seele.
So bleibe bei und mit deiner Liebe
Auf allen unseren Wegen.
Bleibe bei uns, Herr, mit deinem Segen.«

Uwe Seidel

»Wälze die Last deines Weges auf ihn, im Vertrauen zu ihm ruhe, er wird handeln.«

Ist das ein Bibelwort? So fragte ich mich, als ich es zum ersten Mal las. Irgendwie ging von dieser Aussage Trost aus. Dass sich Fragen klären und sich Wege in Ausweglosigkeit zeigen, wenn wir durch Vertrauen zu Gott ruhig werden, habe ich konkret erfahren dürfen.

Irgendwann entdeckte ich dann, dass es eine Übertragung des Psalmwortes war (Psalm 37,5): »Befiehl dem Herrn deine Wege und hoffe auf ihn, er wird's wohl machen.« Auch diese Lutherübersetzung ist schon vielen Menschen zur Hilfe geworden, sich mit allen Sorgen Gott anzuvertrauen und ihm den persönlichen Lebensweg anzubefehlen. Sorgen um andere Menschen können sich auch als schwere Last aufs Gemüt legen und die Gedanken gefangen nehmen. In diesem Zusammenhang wurde mir das Wort in dem neueren Wortlaut eine große Hilfe.

Mitten in einem Dienst, der meine ganze Konzentration erforderte, erreichte mich der Hilfeschrei eines Menschen, der in einer tiefen Depression steckte und keine Perspektive für das Leben hatte. Da wir räumlich durch viele Stunden Fahrt getrennt waren und sie in der Situation keinen vertrauten Menschen in der Nähe hatte, blieb nur das Telefon zum Gespräch. Als ich mein Zimmer aufsuchte, stand dieser Spruch gerahmt an der Wand vor meinen Augen. Für mich ein Trost wie nie zuvor. Die Last, die mich selbst sehr bedrückte, konnte ich im Gebet Gott hinlegen, aber ich war noch zu sehr aufgewühlt, dass vorerst keine Ruhe zu spüren war. Das Festhalten an der Zusage »er wird handeln« brachte mich dann soweit zur Ruhe, dass ich über mein Thema sprechen konnte. Ich gestehe, dass mich während des Sprechens die Sorge um den lebensüberdrüssigen Menschen wieder befiel, aber ich konnte in blitzartigen Gedanken die Last wieder abwälzen und mir bewusst machen, er wird helfen. Gott hat gehandelt. Er schenkte Bewahrung und half der Betroffenen aus den tiefen Ängsten und Bedrückungen heraus.

Es ist gut, in solchen Situationen die vielen Verheißungen Gottes zu kennen, aber sie dringen oft nicht durch die Sorgen hindurch. Wie gut, wenn es dann geschenkt wird wie zu jener Stunde, dass uns solch ein Trost unübersehbar vor Augen gestellt wird.

Paul Gerhardt hat es wohl ähnlich empfunden, wenn er sagte:

»Dem Herren musst du trauen, wenn dir's soll wohlergehn;
auf sein Werk musst du schauen, wenn dein Werk soll bestehn.
Mit Sorgen und mit Grämen und mit selbsteigner Pein lässt Gott sich gar nichts nehmen: es muss erbeten sein.«

hänssler

Weitere Bücher aus der Reihe »erlebt & erzählt«

Erwin Damson
Gezeichnet Mielke – Streng geheim!
Erlebnisse in 25 Jahren Ostmissionsarbeit
Tb., 160 S., Nr. 393.419
ISBN 3-7751-3419-0

Spannende Realität aus erster Hand! Mauern, Minenfelder, Stacheldrahtverhaue, Überwachung und Verfolgung sind nur ein paar Stichworte, die die Mission in Osteuropa bis zur Wende kennzeichneten. Durch ein Netz von Mitarbeitern gelang es unter schwierigsten Bedingungen, Bibeln durch den »Eisernen Vorhang« zu schleusen. Erwin Damson von »Licht im Osten« nimmt Sie mit auf spannende und gefährliche Missionseinsätze!

Hanni Lützenbürger
Morgen kommt ein neuer Tag
Tb., 256 S., Nr. 393.374
ISBN 3-7751-3374-7

Mit fünfzehn Jahren trifft Marie eine Entscheidung, die sie in ihrer Bibel mit zwei Worten beschreibt: Völlige Hingabe. Unbedingtes Vertrauen und der tiefe Glaube an Gottes Liebe bestimmen von nun an ihr Leben. Auch als kurz hintereinander einer ihrer Söhne und dann ihr Mann sterben, kann das ihr Vertrauen nicht erschüttern. Mühsam muss Marie nun für sich und ihre drei Kinder den Lebensunterhalt verdienen, indem sie sich als Tagelöhnerin verdingt ... Bedeutet dies nun das Ende aller ihrer Träume und Hoffnungen?
Eine packende Erzählung!

Bitte fragen Sie in Ihrer Buchhandlung nach diesen Büchern!
Oder schreiben Sie an den Hänssler Verlag, D-71087 Holzgerlingen.

hänssler

Günther von Holst (Hrsg.)
Wie ein Vogel auf dem Ast
Tb., 208 S., s/w-Fotos, Nr. 392.865
ISBN 3-7751-2865-4

Eine deutsch-baltische Pfarrfrau erzählt aus ihrem spannenden Leben: die russische Revolution und die Verbannung ihres Vaters, eine geheimnisvoll arrangierte Verlobung, die Flucht mit ihren Kindern, als Pfarrfrau in der DDR ständig beschattet ... Eine Frau, die lebte, was sie glaubte!

Gerhard Schittko
Kinder, Katzen und Kantaten
Vergnügliche Anekdoten eines Predigers
Tb., 96 S., Nr. 393.179
ISBN 3-7751-3179-5

Heiteres und Besinnliches, Kurzgeschichten, Miniaturen und Anekdoten – es gibt viel zu erzählen aus dem Leben eines Predigers in der ehemaligen DDR. Gerhard Schittko erinnert sich noch einmal an die Erlebnisse, die die Zeit als Prediger der Landeskirchlichen Gemeinschaft in Querfurt, Wittenberg und Greifswald prägten. Mit Glaube, Vertrauen und einem tiefgründigen Humor meisterte er die Schikanen und Probleme des Alltags ...